Miguel Angel Herrera Parra

Esperando al Papa Francisco

Miguel Angel Herrera Parra

Esperando al Papa Francisco

La Iglesia en Chile espera un mensaje clave del Papa para avanzar hacia la Justicia y Paz

CREDO EDICIONES

Imprint

Any brand names and product names mentioned in this book are subject to trademark, brand or patent protection and are trademarks or registered trademarks of their respective holders. The use of brand names, product names, common names, trade names, product descriptions etc. even without a particular marking in this work is in no way to be construed to mean that such names may be regarded as unrestricted in respect of trademark and brand protection legislation and could thus be used by anyone.

Cover image: www.ingimage.com

Publisher:
CREDO EDICIONES
is a trademark of
International Book Market Service Ltd., member of OmniScriptum Publishing Group
17 Meldrum Street, Beau Bassin 71504, Mauritius

Printed at: see last page
ISBN: 978-620-2-47879-3

Décimo octavo libro de Poemas de Miguel Ángel Herrera Parra

Esperando al Papa Francisco

Santiago de Chile, enero de 2018

Día de la mujer 2017

Mil flores y chocolates, les donan a las mujeres,

mil regalos y remates, y les dicen que las quieren.

Sin embargo, sin embargo,

hay algo que hoy las ataca,

las atrapa por encargo,

por la muerte, con su estaca.

Más peligrosa que tsunamis,

terremotos y erupciones,

que incendios y que aluviones,

que accidentes y erupciones,

es la costumbre malvada,

que solo las ve como cuerpos,

como carne del banquete,

culpables, en todos los tiempos.

Son otras personas, son un legítimo ser,

no son ellas un puro medio,

ni esclavas son de otro ser,

no son brujas, ni son remedio.

¡Cariño y respeto, solidaria admiración,

sean signo concreto, de nuestra salutación!.

¡Feliz día de las Mujeres!

Oda a Mariana

**Es la elegida de Dios,
la mujer llena de gracia,
comparte su paz y amor,
su familia y su fragancia,
que lleva a toda su gente,
a la más bella instancia.**

**Feliz proyecto,
feliz alianza,
creció en los años
de la confianza,
que aunque se cansa,
nunca descansa,
pues se animó a ser,
en la esperanza.**

**Felices flores,
felices retos,
felices sueños,
hoy, tan concretos,
que, entre dolores,
y entre esos gestos,
sí supo unirse,
en sagrados besos.**

**A la más bella instancia.
que unió a toda su gente,
su familia y su fragancia,
compartió su paz y amor,
la mujer llena de gracia,
es la elegida de Dios.**

Oda a Patricio y Julie

El hombre noble invita,

a la que es fuerte de raíz,

a una romántica cita,

de puro amor, y sin fin.

Felices se comprometen, por un camino unitivo,

se aman y se prometen, en diálogo nutritivo.

Su corazón, procreativo, que han invitado a la vida,

a Bastián y a Vicente, y al menor, don Benjamín.

Sus años, y cada día, se han donado con tesón,

su esperanza y su alegría, construyen su redención.

Para iluminar la tierra,

con su amor, fiel y potente,

son paz, para toda guerra,

matrimonio diligente.

Son sal para todo el mundo,

son ánimo y salvación,

con su cariño profundo,

irradian su bendición.

La rosa silvestre

Pequeña rosa silvestre,

que embelleció vuestra vida,

busquen en el globo terrestre,

no hallarán su voz querida.

Es mujer muy valerosa, como una tierna gallina,

que protegió, cariñosa, a sus pollitos, tranquilla.

Su tesón y su pasión, su esperanza y su misión,

su alegría y su oración, son su más bella canción.

Ofreció hasta el final,

su aliento para alentar,

venciendo al cruel temporal,

su corazón, para amar.

Vive combatiendo, vive conociendo,

vive protegiendo, vive compartiendo.

No hallarán su voz querida.

busquen en el globo terrestre,

ella embelleció vuestra vida,

pequeña rosa silvestre.

A Mónica:	A Adrián:
La que ama la libertad, supo ofrendar su vida, con su alegre humildad, intuyó la buena salida. Su herencia de fe sencilla, se la donó a su fraile, puede ver que su fe brilla, y hasta el cielo entró en su baile. Ella ama su libertad, como ama su plena vida, ama su fidelidad, como preciosa semilla. Amor, fe y esperanza, generosidad sincera, solidaria, no se cansa, con su entrega verdadera. Seguirá acompañando, desde el otro inmenso lado, a la vera del camino, su amor se irá agigantando.	Paz y bien, amor y paz, a mi hermano caminante, que con su fe es capaz, de volverse un mendicante Es el que viene del mar, de las aguas caudalosas, donde viene de pescar, en multitudes hermosas. Pescador de hombres, en medio de la ciudad, con sus preces y sus redes, construyendo humanidad. Su pobreza es la de Cristo, su carisma vence al mal, comparte la tez de Cristo, en medio del vendaval. Es colaborador honesto, su humano conocimiento, lo comparte, más que un gesto, su oración que no es lamento.

Santino, Santino

Pequeño luchador, grande, gladiador contra la muerte,

con tu corazón gigante, que jamás se quedó inerte.

Yo te bautizo Santino, pero tú nos bautizaste,

en el río del dolor, pleno de agua y de amor.

Has venido, cual cometa, en una breve misión,

nadie intuía tu meta, dar tu beso y bendición.

Eres amor infinito, eres ternura y pasión,

de apariencia, chiquito, un santito que da unción.

Tu vertiginosa herencia, es mensaje de bondad,

de la más pura inocencia, de paz y de libertad.

Como un viajero celeste, una semilla del bien,

tú viniste y enseñaste, a perseverar, siempre fiel.

Gracias hermano Santino, niño bendito de Dios,

regalón de Jesucristo, tu sonrisa atrae a Dios.

¡Hasta la vista Santino!, ya te podrás encontrar,

con tus papitos amados, en el cielo, y sin llorar.

¡Hasta la vista Santino!,

ya te podrás encontrar,

con familiares amados,

para amar, amar y amar.

Esposos del amor

Aleluya, aleluya, aleluya, aleluya.

Y estos esposos son Amor,

que juntos vencen al dolor,

y que hacen sonreír a esta vida,

se funden en su gran calor,

se irradian como bendición,

y cantarán felices aleluya....

Aleluya, aleluya, aleluya, aleluya.

Caminan juntos por amor,

siempre se besan con amor,

y su alegría al mundo, la comparten,

se abrazan en su gran amor,

se comprometen por amor,

y se amarán felices, aleluya......

Aleluya, aleluya, aleluya, aleluya.

El caso de Vivi.

Cuando estaba en el colegio, a los 13 años, tenía una amiga -la Vivi- que se hizo muy cercana de mí. Pasábamos siempre juntas, practicábamos deportes y me contaba sus cosas. La Vivi tenía una familia que estaba compuesta por su mamá, su padrastro y sus dos hermanas, de 9 y 3 años, que eran hijas del padrastro.

La casa de la Vivi quedaba a cinco cuadras del colegio y ella siempre me invitaba a ir con ella. En su casa, que era muy antigua, a mí me llamaba la atención que las camas estuvieran muy juntas en un dormitorio común. A mí me parecía entretenida esa forma que tenían de dormir como familia.

Un día, la Vivi me invitó a su casa, y estaba su padrastro. Su mamá había salido con sus hermanas. Pero, resulta, que yo no le había avisado a mi madre, y no le di mayor importancia.

Por su parte, mi madre, al ver que no llegué de clases, comenzó a llamar al colegio, a las mamás de otras compañeras y preguntando a muchas personas llegó a la casa de la Vivi, donde yo me encontraba. Cuando llegó, el padrastro de la Vivi -que se mostraba muy simpático- le dijo: *"ya le tenía listo el almuerzo a las niñas"*. Pero mi madre, con mucha firmeza, le dijo que yo no tenía permiso para ir a su casa y que yo le debía haber pedido permiso antes. Así es que me llevó con ella y yo, muy enojada, la seguí. No entendía por qué era tan mala onda conmigo.

En los meses posteriores, Vivi tuvo muchos problemas, se portaba mal, era rebelde, no estudiaba, no hacía las tareas, ni participaba en las actividades del colegio, como lo hacía antes.

Hacia fin de año se supo que su mamá la retiró del colegio porque estaba enferma. Luego supimos que la Vivi estaba embarazada. Ella decía que ese embarazo era de su pololo, un chiquillo del sector donde vivía, que yo no conocía. Un día nos encontramos con la Vivi y me confesó que ese embarazo era de su padrastro que había abusado de ella, desde hacía mucho tiempo, y que su mamá se había hecho la lesa, tal vez, para que él no las abandonara.

Con el tiempo supe que la Vivi había tenido a su hijo y que ella misma lo estaba criando. Después de cuatro años, el padrastro se enfermó, de cáncer, y que la había llamado para pedirle perdón, antes de morir. Ella había ido, para escucharlo y que lo había perdonado, ya que no quería llevar una carga de odio y de rencor en su corazón por el resto de su vida.

Algunos años después, me acerqué a mi madre y le dije: *"mami, gracias por ir a liberarme de ese hombre abusador"*. Ella me dijo que sólo había cumplido con su misión de madre y me dio un cariñoso beso.

Aleluya, por Jorge e Inés

Inés y Jorge, es el Amor
que en matrimonio, se unió,
y hoy caminan, juntos, el camino,
se aceptan siempre, por amor,
y se reciben, en amor,
y cantarán felices, aleluya.

Aleluya, aleluya,
Aleluya, aleluya.

Su casa brilla, en comunión,
y su familia se alegró,
su oración les guía en su camino,
la novia alegre le animó,
y el feliz novio la besó,
con su mirada cantan, aleluya.

Aleluya, aleluya,
Aleluya, aleluya.

El buen Jesús les animó,
y sus carismas les donó,
y su consentimiento fue sincero,
son servidores del Señor,
y sintonizan con su amor,
y se amarán felices, aleluya.

Aleluya, aleluya,
Aleluya, aleluya.

Liberación de Juana

Soy Juana y tengo 40 años. Vivo en Peñalolén hace 20 años y nací en Puerto Montt. Cuando era joven siempre oía a mis hermanos y a sus amigos que se burlaban, cada vez que pasaba una mujer, se reían, y yo no comprendía porqué lo hacían.

Al llegar a Santiago, me costó integrarme a un estilo de vida nuevo. Un día, una vecina me invitó a una fiesta en una parcela, que al parecer estaba sin sus dueños. En esa fiesta, conocí al Lucho, un joven, cinco años mayor que yo, que era contador, y que me pareció muy buena onda. Empezó a hablarme de su vida y de sus ganas de progresar. Me fue gustando de a poco y comenzamos a pololear, ya que pensábamos que teníamos muchas cosas en común. Después de un año, nos fuimos a vivir juntos y arrendamos dos piezas en una casa. Así fue que tuve a mi primera hija, Sofía que tiene 9 años, después nació Agustín que tiene 7 años y finalmente nació Catalina, que cumplió 2 años. Al comienzo todo iba bien, hasta que el Lucho comenzó a salir con sus amigos, que eran todos solteros o separados. Como él proveía al hogar, en un principio, yo no le decía nada, pero después, le empecé a decir que por qué me dejaba sola con los niños, por qué no me ayudaba. Él me gritaba que estaba estresado, que estaba cansado de la vida, que nunca iba a cambiar, y que tenía derecho a divertirse con sus amigos.

Aunque yo le suplicaba que cambiara, él no me hacía caso. Me decía que yo me estaba volviendo loca y que otras viejas me estaban metiendo cosas raras en la cabeza. Cuando yo le hablaba, él se irritaba y no me hablaba más. Poco a poco, traía menos dinero a la casa. La mayor parte de la plata se la gastaba en tragos, en drogas y en fiestas con sus amigos. Ellos se reían de las mujeres, ya que las consideraban tontas, brujas, aprovechadoras y malas.

Un viernes en la noche, el Lucho llegó violento a la casa, ya que lo habían despedido del trabajo y me echaba la culpa a mí, ya que decía que yo nunca lo había apoyado. Me dijo que yo era una *"muerta de hambre" y una "puta"*, y que me fuera a la calle, ya que yo no valía nada. Yo no quise irme y me le enfrenté, protegiendo a mis hijos y entonces me golpeó, con puños y pies, en todo mi cuerpo.

Me llevaron al hospital y allí estuve internada durante dos semanas. Al salir del hospital, fui al Centro de la Mujer de Peñalolén, donde me han ayudado en lo mental, en lo legal y en lo laboral. Allí he comenzado a liberarme de mi pasado, a quererme y a valorarme como persona y como mujer. Los machistas dicen que nosotras somos inferiores a los hombres, pero eso es falso. Somos personas, somos valientes, y tenemos dignidad.

En la actualidad, estoy conociendo a un hombre de verdad, que me respeta y que piensa muy distinto a los demás, y ahora estoy comenzando a sonreír. ¡Las mujeres tenemos derecho a ser felices siempre!

El florecer de Chichi

Hace algunos años, estábamos desarrollando un taller para mujeres dirigentes, en el cual participaban universitarias, animadoras y líderes de grupos y de comunidades juveniles, profesoras y otras profesionales, insertas en diversas organizaciones. Eran unas quince mujeres, que habían demostrado gran fortaleza para enfrentar conflictos y problemas en la sociedad, que estaban buscando herramientas para potenciar su liderazgo en sus propios grupos, o en sus trabajos.

Cierto día, nos tocó tratar el tema de la autoestima y comenzamos a efectuar una relajación, utilizando música adecuada, y luego hicimos una dinámica para poder conectarnos con nosotras mismas, como mujeres en nuestro fuero interno.

Se había producido un silencio muy grande en la sala donde nos encontrábamos, cuando se sintió un sollozo que fue creciendo, hasta transformarse en un llanto muy fuerte, como el desahogo de un aluvión, de un gran torrente de lágrimas que habían estado reprimidas durante mucho tiempo.

Las integrantes del grupo nos acercamos a quien lloraba y se trataba de Chichi, una joven de 29 años, que era profesional, nortina, y que vivía en Santiago hace una década. Chichi había llegado al encuentro en una enorme camioneta, que era impresionantemente linda y cara.

Entre todas comenzamos a contener a Chichi y le preguntamos qué le pasaba. Chichi nos dijo que su esposo la maltrataba y no podía parar de llorar. Se había casado hace poco tiempo y en su convivencia de pareja ya había comenzado a recibir maltrato de palabras y físicamente. Estaba muy desconsolada, ya que toda la generosidad que ella demostraba hacia los demás, en su liderazgo personal, que le encantaba; no se equilibraba con el infierno que estaba viviendo en su pareja, donde recibía malas palabras, descalificaciones, garabatos y golpes. Recién se había dado cuenta que eso no era lo que había buscado toda su vida, de un marido. Le dolía mucho el hecho de que, pese a tenerlo todo en lo material, una casa enorme, vehículos, propiedades y dinero; en lo afectivo sentía que no tenía nada y constataba que era vulnerable en el amor. El grupo de mujeres fue muy amoroso con ella, ya que comenzamos a decirle que ella era una gran mujer, que era muy inteligente, creativa y una líder muy capaz de influir positivamente en otras personas. Le dijimos que no se sintiera culpable de lo que le estaba pasando. Le ayudamos a mirar su vida y a que se conectara con su autoestima, que ella se quisiera, que amara su persona y en base a ese amor, luchara por construir su vida, en la verdad, en la libertad y en la justicia. Si ella no se amaba, nadie podría amarla como ella es y como se merece.

Desde ese día, el aluvión de lágrimas de Chichi se transformó en un enorme lago, de aguas transparentes, desde donde fue sacando durante el resto de su vida, empatía, comprensión, acogida, amor y valentía, para dar de beber a muchas mujeres a las que ayudó, orientó y levantó. ¡Desde su gran dolor, Chichi floreció!

Oda a Paula y Diego

La pequeña, es potente,

con la fuerza del Amor,

con su corazón valiente,

se funde en el buen calor.

El instruido, aprende,

investiga y se convierte,

ya que en su alma comprende,

lo inmenso de esta vertiente.

Juntos, se comprometen,

a dialogar, cada día,

pues amarse, es su alegría,

su esperanza y su misión.

Son plenos protagonistas,

de su palabra y su acción,

son constructores y artistas,

de una fiel bendición.

Todo el rato, en el presente,

para siempre, equidistante,

su proyecto, tan consciente,

ser felices, a cada instante.

Tres hermanitas que necesitan -urgentemente- una familia de acogida

Las hermanas Aranxa; Constanza y Yuliana de 10; 8 y 7 años de edad respectivamente, fueron separadas de sus padres por primera vez, en diciembre del año 2010, cuando apenas tenían 3 y 2 años, y la menor, tan solo 9 meses de vida, ingresando a un hogar para niñas.

Las razones, no son muy distintas a otros casos... un grave episodio de violencia intrafamiliar, a lo que se sumó el consumo de drogas de la madre, consumo de alcohol del padre y serios problemas de inestabilidad laboral y de vivienda. En ese tiempo, se realizó un trabajo de intervención con la abuela materna de las niñas, quien finalmente asumió sus cuidados.

Sin embargo, en el mes de enero de 2011, - un año más tarde- las niñas volvieron a ingresar al hogar, ya que la abuela, para evitar los serios conflictos que mantenía con su hija, decide no continuar con sus cuidados. En este segundo ingreso, la madre de las niñas, inició un proceso de rehabilitación de alcohol y drogas, comprometiéndose a apoyar a la abuela materna en el cuidado de sus hijas, lo que permite que las niñas egresen nuevamente con su abuela.

Las hermanas no alcanzaron a estar un año con su abuela, ingresando al hogar de niñas en diciembre del año 2011, ya que en un proceso de seguimiento que se le hizo a la familia por parte de un programa de Fortalecimiento Familiar, se detectó que se encontraban en muy malas condiciones de higiene y su madre había recaído una vez más en el consumo abusivo de alcohol y drogas. En esa oportunidad, se trabajó otros 6 meses con la misma abuela, ésta fue ingresada a un programa de acogimiento familiar, a objeto de ser acompañada por un equipo profesional y apoyada económicamente, lo que originó un nuevo egreso de las niñas. Pero a tres meses de retomar sus cuidados, la abuela, vuelve a desistir de la crianza de sus nietas, ingresando en septiembre de 2012, y por cuarta vez, al sistema de cuidado alternativo.

Habiendo agotado todas las instancias para habilitar a la familia, para que asumiera de manera responsable y protectora a las niñas, se toma la decisión de iniciar una causa de susceptibilidad de adopción, para que, a futuro, pudiesen restituir su derecho de vivir en familia.

En este contexto, el Servicio Nacional de Menores inició el procedimiento previo a la adopción en enero de 2013, siendo declaradas adoptables en el mes de junio de 2014. No obstante en octubre de 2014, un tercero, inicia una causa de impugnación de paternidad de la más pequeña de las hermanas, donde el tribunal resuelve a favor del demandante, lo que impidió ubicar una familia a través de la adopción para las tres niñas, pero él tampoco contaba con las habilidades parentales para asumir los cuidados de Yuliana.

Dicha situación, generó la necesidad de volver a tramitar, en el mes de mayo de 2016, una nueva causa de susceptibilidad de adopción de la menor de las hermanas, siendo declarada susceptible en octubre de 2016.

Hoy, las tres hermanas pueden, por fin ser adoptadas, pero no hay familias en Chile, ni el extranjero que se encuentren interesadas en su adopción, ello especialmente por la edad de las niñas mayores y el número de niñas. Ellas se encuentran muy vinculadas entre sí, su relación de hermanas es lo único estable que han tenido y que les ha permitido salir adelante. Todas desean es tener una familia y vivir juntas.

Aranxa, la mayor, cursa 4° año básico, es quien más daño emocional presenta, dado los múltiples abandonos que ha sufrido. Aun así, es una niña alegre, solidaria y respetuosa (solo cuando se siente en confianza). Es una niña temerosa a los cambios. Es la más reservada en manifestar sus pensamientos y emociones. No le gusta estar en el hogar y en la última residencia, no ha logrado generar vínculo con ninguna persona mayor. Es ella, quien asume rol parental hacia sus hermanas pequeñas, las protege y las cuida cuando es necesario.

En cuanto a Constanza, cursa 3° año básico, es alegre y muy divertida. Es inquieta, creativa, autónoma, siempre está buscando alguna manera de inventar juegos, es solidaria con otras niñas. Siempre intenta imitar a Aranxa en los dibujos, juegos o en actitudes. Es sociable y le gusta compartir. Es la más extrovertida de las tres, la más expresiva, manifiesta sus malestares y alegrías. Es la que más recuerda a su familia de origen, debido a que no se ha podido encontrar familia adoptiva. Frente a los cambios en su vida, ella se retrae y se aísla, sintiéndose triste y angustiada. Ella, señala la necesidad de tener una familia en especial una mamá que la cuide.

Yuliana, por su parte, es muy dependiente de sus hermanas mayores, sintiéndose muy protegida por ellas. Es alegre, le gusta mucho jugar a las muñecas, es solidaria, respetuosa, ordenada y muy cuidadosa con sus pertenencias. Con su hermana Constanza se acompaña mucho en la escuela, ya que cursan en el mismo nivel. Tiende a irritarse con mayor facilidad frente a las frustraciones. Es respetuosa de las normas impuestas, en la medida que sus hermanas también las respetan. Es muy espontanea, ella expresa lo que piensa y devela los secretos de sus hermanas. Es la que menos recuerda a su familia de origen. Es temerosa frente a los cambios, y aunque no lo exprese verbalmente, es evidente en su expresión no verbal. Es reservada en sus pensamientos y emociones, pudiendo manifestarlos solo cuando se encuentra en un espacio de confianza y de manera gradual.

Arantxa, Constanza y Yuliana, son niñas, hermanables y sanas. Necesitan una familia para desarrollarse de manera integral. Necesitan de una familia, como cualquier niño/a. necesitan sentirse queridas de manera incondicional y permanente.

Santiago, junio de 2017

Pasa Jesús

Pasa la mano salvadora, pasa la mano de Jesús,
salva a los leprosos, salva a las leprosas,
y salva a nuestra humanidad.

Pasa la mano sanadora, pasa la mano de Jesús,
sana a los enfermos, sana a las enfermas,
y sana a nuestra humanidad.

Pasa la mano redentora, pasa la mano de Jesús,
redime a los cautivos, redime a las cautivas,
redime a nuestra humanidad.

Pasa la mano que nos ama, pasa la mano de Jesús,
ama a los pecadores, ama a las pecadoras,
y ama a nuestra humanidad.

Pasa la mano que perdona, pasa la mano de Jesús,
perdona a los judíos, perdona a los paganos,
perdona a nuestra humanidad.

Felices ustedes

Felices son los pobres, porque el Reino les pertenece,

felices son los que lloran, recibirán mi consuelo.

felices, siempre felices, serán llamados hijos de Dios.

Felices son los mansos, porque heredarán la tierra,

felices son los hambrientos, sedientos de la justicia.

felices, siempre felices, serán llamados hijos de Dios.

Felices son los que tienen, muy puro su corazón,

porque verán a su Dios, y tendrán su bendición,

felices, siempre felices, serán llamados hijos de Dios.

Felices los que construyen, la paz en esta tierra,

porque serán abrazados, por el Señor de la Paz.

felices, siempre felices, serán llamados hijos de Dios.

Felices los perseguidos, por causa de la justicia,

porque el Reino de mi Padre, a ellos les pertenece,

felices, siempre felices, serán llamados hijos de Dios.

Feliz la misericordia, que exhala tu corazón,

la recibirás, más grande, de manos de tu Señor,

felices, siempre felices, serán llamados hijos de Dios.

“El guerrero audaz” Oda a Fernando Pardo (18-07-2017)

Buscador de una esperanza,

con una sonrisa alegre,

depositó fiel confianza,

en Jesús, que nunca agrede.

Es guerrero y luchador, para construir su vida,

y aprendió de su Señor, a servir, siempre en salida.

Es diácono misionero, apostólico, hasta el fin,

ministerio verdadero, con su familia, al confín.

Hoy, sus manos van repletas, de servicios y de amores,

de misiones, buenas metas, de fidelidad y de ardores.

Audaz constructor del mundo, traspasó todos los muros,

con su cariño profundo, venció los tiempos oscuros.

Es diácono permanente,

confiado en su Buen Pastor,

y su legado trasciende,

ha sembrado puro amor.

Gracias, amigo Fernando,

ya que todo lo entregaste,

viviste esta vida, amando,

tus dones, no los guardaste.

Guerrero, audaz, hasta el fin,

¡contento, Señor, contento!,

fiel servidor, hasta el fin,

¡contento, Señor, contento!

Aportando a Chile

Nací un día 20 de enero, y por eso, cuando era niño, me decían que yo era un ***"roto chileno"***, en recuerdo de los "rotos chilenos" de la Batalla de Yungay.

Mi padre fue asesinado cuanto él tenía 36 años. Yo tenía 10 años y me acuerdo perfectamente cuando nos fueron a dar esa mala noticia, a la casa donde vivíamos con mi madre y mis cuatro hermanos, dos hombres y dos mujeres, cuyas edades fluctuaban entre los doce y los dos años. Mi madre, debió luchar mucho, trabajando en costuras, para poder sacar adelante a sus hijos e hijas.

Gracias a Dios siempre me ha gustado estudiar y perseverar en los estudios y así -con muchos sacrificios y alta motivación- pude llegar a ser un profesional, "el primero de mi familia extensa".

Siempre me llamó la atención esa frase que decía ***"no preguntes qué puede hacer tu país por ti, sino qué puedes hacer tú por tu país".*** Y esa frase me ha motivado a escribir este relato, para tratar de reflejar que mi vida y mi trabajo -por una íntima vocación- han estado unidos siempre a nuestro Chile lindo, pero con tantas injusticias sociales.

A continuación, describiré mi camino laboral, en el que he tenido varios cambios, todos los que han sido muy desafiantes.

1.- En la Vicaría

Comencé a trabajar, en el año 1980, en la Vicaría de Pastoral Juvenil (VPJ) del Arzobispado de Santiago. En esa época, el Arzobispo de Santiago, era el recordado y muy valiente, Cardenal Raúl Silva Henríquez, "el cardenal del pueblo", excelente pastor y gran defensor de los derechos humanos.

Mi primer trabajo, ya contratado, fue desempeñarme como Coordinador General de la VPJ, nombre de mi cargo, ya que no me gustaba la nomenclatura de "Secretario Ejecutivo" o "Secretario Pastoral" que se me ofrecía, pues lo consideraba insípido o equívoco.

Era una época de gran exclusión social de la juventud, ya que la dictadura militar y sus mandos intermedios, miraban con malos ojos a los jóvenes pobladores pues los consideraba como peligrosos, como delincuentes o como agitadores políticos ("comunistas", "terroristas", etc.)

Había muchos jóvenes que no encontraban sentido a su vida, pues veían a la sociedad como de "puras puertas cerradas" para ellos, es decir, veían cerrada la puerta de la educación ya que carecían de recursos económicos para pagar sus estudios técnicos y profesionales, veían cerrada la posibilidad de trabajar, ya que había una elevada cesantía y desempleo juvenil, por lo tanto, también veían cerrada la posibilidad de formar una familia, ya que se les hacía sentir que "no eran nadie" y que no tenían nada para siquiera pensar en casarse. También estaban cerradas ("clausuradas") las organizaciones sociales y políticas, en un contexto de excesivo control social, de soplonaje y de delación de cualquier agrupación que se quisiera formar. Era una época de "guerra" (según Pinochet) y de un auténtico "apagón cultural" que asfixiaba la vida de toda la sociedad y que afectaba principalmente a los jóvenes que estaban buscando una identidad personal, generacional y social, y que anhelaban una esperanza, en medio de la oscuridad de Chile.

Mi trabajo en la VPJ consistía en animar, organizar, planificar y coordinar una serie de iniciativas tendientes a la formación, expresión y fortalecimiento de la cultura juvenil, desde una perspectiva cristiana y liberadora de la vida.

De esa época se pueden destacar las siguientes actividades: el Festival "Una Canción para Jesús", los Talleres de Expresión Juvenil, el Encuentro de Oración para animadores de pastoral juvenil, las Misiones Juveniles, "Una Semana para Jesús", el "Día del Reino", la creación de la "Comunidad Ecuménica Juvenil", los Encuentros Juveniles Poblacionales (ENJUPOS), la creación de la Comunidades Cristianas de Estudiantes Fiscales (COCEF).

También se destacan la creación de los Preuniversitarios, las Peregrinaciones juveniles a Maipú, a la Virgen del Cerro San Cristóbal, el Encuentro de los Jóvenes con el Papa Juan Pablo II en el Estadio Nacional, hasta llegar a la Peregrinación al Santuario de Santa Teresa de los Andes, primera santa de Chile.

En la VPJ también me desempeñé como Jefe del Área de Estudios Sociales y Pastorales, donde pudimos realizar una serie de diagnósticos de la realidad social y pastoral de los jóvenes de la arquidiócesis de Santiago, estudios de la realidad de parroquias de clase media, de sector popular urbano y de sector rural. Dentro de los estudios podemos destacar los siguientes: "Impacto del desempleo en los jóvenes pobladores de Santiago", "La represión militar en la juventud de Santiago", "Participación, desarrollo y paz: Vivencias y desafíos de la juventud de Santiago, en el Año Internacional de la Juventud" y el comentado (y luego "polémico") "Diagnóstico del Consumo de drogas en jóvenes de la arquidiócesis de Santiago", que se efectuó anualmente, desde 1984, hasta el año 1991.

También realizamos cartillas educativas sobre temas relevantes para la juventud y efectuamos muchas evaluaciones y sistematizaciones de los diversos proyectos en beneficio de la juventud, que fueron desarrollados por la VPJ en esos años tan duros, de tanta exclusión social y que -al mismo tiempo- estuvieron cargados de mucha esperanza.

***"No nos robarán la esperanza, ¡no me la romperán!" (Cantata de los Derechos** humanos)*

Finalmente, trabajé como Relacionador Público de la VPJ, lo que me permitió vincular el trabajo de la Vicaría con las organizaciones eclesiales y con las múltiples ONG juveniles y también, con algunos organismos estatales, en ámbitos como la prevención de la drogadicción y de la educación para la prevención del SIDA.

En total, trabajé durante once años en la VPJ, con vicarios tan distintos como el P. Miguel Ortega, el P. Juan Andrés Peretiatkowicz sscc, el P. Ignacio Muñoz y el P. Cristián Precht. Hoy -que ya han pasado muchos años- puedo destacar que mi trabajo, mi aporte, sumado al de otras muchas personas, profesionales y agentes pastorales, contribuyó -en tiempos muy difíciles- a recuperar, a mantener y a fortalecer la confianza y la esperanza de la juventud más vulnerada, para poder levantarlos y así construir el cambio social, para pasar de la dictadura a la democracia, a la luz de la misión de la Iglesia, que es la de evangelizar y servir al mundo. Es hermoso ver que los jóvenes -con fe- son y pueden ser protagonistas de su propia historia, junto con los demás, en comunidad y en solidaridad.

"¿Quién dijo que todo está perdido?, yo vengo a ofrecer mi corazón" **(Fito Páez)**

2.- En el CIDE

Entre los años 1988 y 1991, en el Centro de Investigación y Desarrollo de la Educación (CIDE), me desempeñé como Jefe del Programa de Educación para la Convivencia de la Pareja y como Jefe del Programa Padres e Hijos Adolescentes (PPHA). El director del CIDE en esos años fue el P. Patricio Cariola sj, quien llegó a ser reconocido como Premio Nacional de Educación, en 1999.

Mi aporte, junto al de mi esposa (ya que se trabajaba en pareja, para parejas) y al de otras parejas monitoras, fue el de dinamizar y difundir un programa educativo que marcó toda una época, ya que se llegó a formar seis mil parejas, en colegios, capillas y parroquias y en otras organizaciones sociales, de Arica a Punta Arenas.

El programa consistía en desarrollar un taller de educación popular, que tenía un total de diez sesiones, que trataban temas como: "¿Dónde nos conocimos y cómo fue?", "¿Para qué vamos a seguir juntos?", "La comunicación", "la comunicación adecuada", "La pareja", "Tipos de parejas", "La pareja y su cuerpo", "La intimidad". Con una metodología activo participativa, que contaba con juegos, tarjetas, cuentos, se motivaba a la reflexión y al diálogo, de manera que la pareja fuera "democratizando su relación", tuviera claridad de sus propios errores y viera formas de irlos superando, de manera que fuesen cada vez más colaboradores, en las distintas dimensiones de su vida en pareja y familiar.

También tuvimos la oportunidad de crear, desde su inicio, el PPHA, que buscaba, mediante un taller de diez sesiones el mejoramiento de las relaciones y de la comunicación de los padres con sus hijos adolescentes. Este taller ponía "en igualdad de condiciones" -en la animación y en la participación- a los jóvenes con sus padres, en el diálogo y reflexión de diversos temas, tales como la educación, la familia, la sexualidad y la vida como ciudadanos, en la sociedad.

Con el Programa de Parejas y el PPHA, creamos una verdadera onda de educación popular intergeneracional, aplicada a las familias de sectores populares de Chile y contribuimos a relacionar lo público y lo privado, la familia y la sociedad, buscando -desde esta perspectiva educativa- fortalecer espacios de colaboración y no de dominación; de diálogo y no de imposición; de búsqueda y reflexión y no de silencio y sumisión.

Estos programas educativos se ofrecieron también, como una forma concreta de trabajar la opción por los pobres, al interior de la pastoral familiar nacional e internacional, ya que los ofrecimos y llevamos a otros países de América Latina.

***"Y en la calle, codo a codo, somos mucho más que dos, somos mucho más que dos"* (Mario Benedetti)**

3.- <u>En INTEGRA</u>

Entre los años 1991y 1997, tuve la gracia de poder trabajar en la Fundación Integra, que está orientada a la educación de párvulos provenientes de familias de los sectores más pobres de nuestra sociedad.

Primero me desempeñé como Coordinador Regional, desde la Casa Central, para las regiones VIII y XI, a las cuales me correspondió visitar y apoyar en muchas ocasiones.

Luego fui el Director Técnico Nacional, en cuya función me correspondió liderar la creación de un Marco Teórico Institucional y del Programa de Desarrollo Integral del niño y de la niña. Fueron años muy difíciles porque la Fundación Integra tenía como precedente a la Fundación Nacional de Ayuda a la Comunidad (FUNACO), que buscaba alimentar y cuidar a niños en Centros Abiertos, lo que hacía a través de monitoras que era personal no calificado para realizar funciones educativas. Por eso, comenzamos con un fuerte impulso a la capacitación de todo el personal, que en esa época era de casi seis mil personas en todo el país. Con un sistema piramidal fuimos capacitando a las directoras y equipos regionales, luego acompañamos las capacitaciones regionales y provinciales, después supervisamos las aplicaciones de esta formación educativa al personal de los Centros, a nivel comunal y local. Creamos programas y materiales educativos para que las "tías" pasaran de ser "cuidadoras de niños" a transformarse en "educadoras de niños", para lo cual se les dotaba de material pedagógico, de acuerdo a los niveles de desarrollo de los niños que atendían.

Por esa época también se comenzó a aplicar a los niños y niñas el TEPSI (Test de Desarrollo Psicomotor), para que en cada Centro y en cada nivel, se fueran reforzando aquellas áreas más débiles, de acuerdo a los resultados que se habían obtenido. Se fue avanzando en la profesionalización de las tareas educativas de Integra, para llegar a estar a la par -en los años posteriores- con la JUNJI y con el Ministerio de Educación, en el ámbito de la educación parvularia.

Nuestro aporte fue no sólo que el personal se transformara en clave educativa para los niños, sino que las familias de los niños atendidos también pudiesen desarrollar una tarea de apoyo y acompañamiento educativo de sus propios hijos e hijas, lo que fue teniendo -cada vez más- éxitos y avances.

Finalmente, me desempeñé como profesional de la Dirección de Estudios, desde la cual pudimos realizar investigaciones aplicadas, evaluaciones y también apoyar los procesos educativos que se desarrollaban en las distintas regiones del país.

***"Mira, niñita, te voy a llevar a ver la luna, brillando en el mar........"*(Los Jaivas)**

4.- <u>En la Fundación de la Familia</u>

Entre los años 1997 y 1999, me desempeñé como Encargado de Evaluación y Sistematización de la Fundación de la Familia (FUNFA). Esta Fundación contaba con un conjunto de Centros Familiares en la mayor parte de las regiones del país, en los cuales se desarrollaban diversos programas en beneficio de las familias de los sectores más carenciados de algunas comunas de Chile.

Mi aporte consistió en ayudar a que los equipos de los Centros Familiares, fuesen evaluando y sistematizando su propia labor, a lo largo de los años, y la fuesen difundiendo a su comunidad local.

Guardo hermosos recuerdos de los "Campamentos Familiares", que se hicieron en esos años, los que eran verdaderas aventuras de recreación de muchas familias que compartían un programa para pasarlo bien y conocer distintas regiones del país, en carpas, con entretención, turismo, y animación familiar.

Mi aporte fue capacitar a los equipos para que ellos sistematizaran sus acciones en el Centro, y que las familias atendidas se potenciarán paulatinamente en su comunicación interna, en su expresividad cultural y en su participación ciudadana, superando la marginación social que experimentaban en su cotidianidad.

"Quiero brindar por mi gente sencilla, por el amor, brindo por la familia..." (Pimpinela)

5.- En el Ministerio de Educación

Entre los años 2000 y 2003, trabajé en el Programa de Mejoramiento de la Equidad y Calidad de la Educación, del Nivel de Educación Media, en la línea del fortalecimiento de los dirigentes de Centros de Padres y Apoderados, de los establecimientos educacionales del país.

En el MECE- Media pude aportar a la realización de un diagnóstico de la realidad de los Dirigentes de Padres y Apoderados de este nivel, cuyos resultados, sirvieron para la elaboración y publicación de una serie de cartillas y materiales educativos para capacitar a los dirigentes de CEPA, en el ejercicio de su rol, en función de colaborar con el proceso educativo que se realiza en los establecimientos educacionales.

También pudimos aportar a la capacitación de cientos de dirigentes de CEPA, en muchas regiones y provincias de Chile, en el marco de la reforma educacional en marcha.

Luego, en la Unidad de Apoyo a la Transversalidad del Mineduc, trabajé en el equipo central de los Comités de Convivencia Escolar Democrática, que se desarrolló en varias regiones del país.

Nuestro aporte fue el de diseñar un proceso que iba desde el diagnóstico de la convivencia escolar, entre los alumnos y entre los profesores, de cada establecimiento educacional; luego pasaba por la tabulación y elaboración de un informe de los resultados del diagnóstico; después venía el compartir los resultados del diagnóstico de la convivencia escolar con toda la comunidad educativa; y finalmente, con la definición de estrategias concretas para ir superando los problemas y conflictos que se obtuvieron en el diagnóstico que se hizo en el establecimiento y la realización de un plan semestral o anual para el mejoramiento de la convivencia escolar en cada escuela o liceo.

Quiero destacar las jornadas de capacitación con los equipos de los establecimientos educacionales, que estaban integrados por el director, el inspector, los profesores, los padres y apoderados y los estudiantes, quienes fueron capaces de escucharse con respeto, realizar en conjunto el diagnóstico y responsabilizarse de ejecutar distintas y creativas acciones para ir superando los problemas de convivencia escolar detectados por ellos mismos, en su establecimiento. Mi aporte concreto también fue que pude sistematizar lo realizado por este Proyecto, a nivel nacional, experiencia que sirvió -como insumo- para la posterior creación de los "Consejos Escolares" que realizan las funciones que efectuaron los Comités de Convivencia Escolar Democrática, en cada establecimiento educacional.

Las soluciones a los problemas de convivencia escolar, se pueden encontrar al interior del mismo establecimiento escolar, con el trabajo dinámico y responsable de todos sus actores, en cada una de sus fases. No hay que depender sólo de "externos", esperando que ellos "solucionen nuestros problemas" en la escuela.

"Para qué vivir tan separados, si la tierra nos quiere juntar, si este mundo es uno para *todos, todos juntos vamos a vivir*" (Los Jaivas)

6.- En el SENAME

Entre los años 2003 y 2010, trabajé en el Servicio Nacional de Menores (SENAME), primero en el Departamento de Protección de Derechos (Deprode), y luego, en el Departamento de Justicia Juvenil (Dejuv).

En el Deprode, laboré en un equipo especializado en los niños y niñas, menores de 14 años, que son inimputables ante la ley, en la que realicé un levantamiento nacional de la realidad de los niños y niñas que se encontraban en esta situación y luego en la elaboración de estrategias y un proyecto piloto para atender especialmente a estos niños, en algunas comunas de Santiago.

También, en el Deprode, fui sectorialista ante el Ministerio de Educación, ante el Ministerio de la Cultura y las Artes, ante la Asociación Nacional de Guías y Scouts de Chile, ante la Dirección de Organizaciones Sociales de la SEGEGOB, ante el Instituto de la Juventud y ante el Ministerio de Justicia. En esta interacción con otros organismos públicos y privados, pude esforzarme para lograr la firma de convenios de colaboración mutua y de beneficios para los niños del Sename.

En el Dejuv, trabajé en el equipo de los Centros cerrados, para los jóvenes privados de libertad, en todas las regiones del país.

En este equipo aporté a la cuantificación permanente de la cobertura de atención -a nivel nacional- de los centros cerrados de Chile, a la evaluación de proyectos regionales y locales, y a la sistematización de informes de ejecución de proyectos.

Quiero destacar mi aporte en la línea del acompañamiento espiritual y de la realización de talleres literarios para los jóvenes privados de libertad en todos los centros cerrados del país. Pudimos elaborar y publicar un libro que recogió los poemas, cuentos y relatos que muchos jóvenes privados de libertad pudieron escribir, cuya calidad y hermosura impactó a muchas personas -incluso del mismo

Sename- que no creían que estos jóvenes fuesen capaces de escribir y de comunicar cosas tan personales y profundas. Podemos encontrar escritores y poetas, en todas partes, incluso en el ámbito del dolor, de la exclusión y de la privación de libertad. La creatividad permite soñar y volar por sobre muchas trabas y barreras que sufren los jóvenes más excluidos de nuestro país.

"Sube a nacer conmigo, hermano. Dame la mano desde la profunda zona, de tu dolor diseminado. No volverás del fondo de las rocas. No volverás del tiempo subterráneo. No volverá tu voz endurecida. *No volverán tus ojos taladrados." (Pablo Neruda)*

7.- En la Fundación Laura Vicuña

La Fundación Beata Laura Vicuña, es una institución dependiente del Instituto de las Hijas de María Auxiliadora, que a su vez, forma parte de la "familia salesiana" de San Juan Bosco. En esa época, desarrollaba nueve centros o proyectos - ambulatorios y residenciales- en beneficio de niños, niñas y adolescentes vulnerados en sus derechos, en todo el país, y ya se contaba con el santuario de Laura Vicuña, que está ubicado en el Cerro Colorado de la comuna de Renca.

Entre los años 2010 y 2015, me desempeñé como Director Pastoral de esta Fundación. Desde esa labor pude elaborar y validar el Proyecto Pastoral de la Fundación, que contaba con tres etapas, y que se realizó en los nueve centros o proyectos ya señalados y en el santuario de Laura.

Aporté en la capacitación técnica y pastoral del personal de los proyectos en las regiones del país donde se desarrollan.

También pude aportar a la realización de la Encuesta a los peregrinos y visitantes de los distintos santuarios de la arquidiócesis de Santiago, en el marco de la pastoral de santuarios y piedad popular del Arzobispado de Santiago.

Recuerdo con mucho cariño, la realización de las distintas Colonias o Escuelas de la Fe de verano, que se hicieron en los centros o proyectos, (que dieron alegría a muchísimos niños), hasta que alcanzaron los exiguos recursos de esta Fundación.

"Nunca mires con indiferencia a nadie" (Laura Vicuña)

8.- En la DEFAM

Desde el año 2016, me desempeño como Director de Incidencia de la Delegación Episcopal para la Pastoral Familiar, DEFAM, del Arzobispado de Santiago.

La Delegación Episcopal para la Pastoral Familiar, DEFAM, está al servicio de la Iglesia de Santiago, orientando, apoyando y coordinando el desarrollo de la pastoral familiar, para evangelizar de modo sistemático y gradual a las familias.

El Consejo de Incidencia, que está integrado por casi 20 personas (teólogos, psicólogos, periodistas, filósofos, sociólogos, educadores; laicos, religiosas, diáconos y sacerdotes, de distintas universidades, parroquias, vicarías e instituciones públicas y privadas), tiene por objetivo el de ayudar a reflexionar -a la DEFAM- sobre diversos temas que son relevantes en el Chile de hoy, para facilitar la acción de la pastoral familiar, en un ambiente pluricultural.

Los temas que se reflexionaron durante el año 2016, fueron: "La indisolubilidad del matrimonio y el, así llamado, derecho de reiniciar la vida en pareja", "La situación de los divorciados vueltos a casar", "El proyecto de matrimonio igualitario" (de la Fundación Iguales), "¿El matrimonio natural es una vocación?" y "La familia como Iglesia doméstica".

En el año 2017 se está reflexionando sobre estos temas: "La pastoral familiar en la sociedad chilena de hoy", "La ideología de género y la familia", "La familia y el tema de la homosexualidad", "Proyecto de matrimonio igualitario, formas de acción pastoral en un posible nuevo escenario", "La familia y el consumo abusivo de alcohol y drogas", "Cómo acompañar a los adultos mayores que viven solos", "Cómo favorecer la adopción de niños susceptibles de ser adoptados, en las familias", "Los problemas que viven las familias inmigrantes y cómo apoyarlas desde la pastoral familiar", "Contenidos de la educación sexual de los hijos en la familia" y "La planificación familiar/La paternidad responsable".

Mi aporte consiste en la elaboración de los documentos de reflexión para los miembros del Consejo de Incidencia, en relación a los diversos temas; en la coordinación del Consejo y en la elaboración de los informes de las ideas fuerza más relevantes de la reflexión del Consejo. Estas ideas fuerza son un insumo importante para la toma decisión de acciones concretas por parte de la Iglesia de Santiago, en general, y de la Pastoral Familiar, en particular.

"La alegría del amor que se vive en las familias, es también el júbilo de la Iglesia"
(Exhortación Apostólica Amoris Laetitia)

9.- Corolario

Soy casado con una educadora, y tenemos tres hermosas hijas, la mayor es trabajadora social, la segunda es relacionadora pública y la tercera es educadora.

Mi vida personal, se ha visto enriquecida por mi experiencia laboral y así, puedo sentir que mis valores humanistas y cristianos, y que mis herramientas como profesional, me han ayudado a conocer la realidad de la que no se habla o de la que no se debe hablar, y así puedo ayudar a levantar a personas caídas, a comprender a las personas (niños, jóvenes y adultos) más excluidas de nuestra sociedad, a aprender y a compartir con las parejas y con las distintas familias, para poder crear una sociedad más humana, más justa, y más solidaria.

En la VPJ y en el CIDE, en INTEGRA y en la FUNFA, en el MINEDUC y en el SENAME, en Laura Vicuña y en la DEFAM, he sentido que soy una persona que ha sido llamada a una misión específica, la de ayudar a conocer, a animar, a formar, a acompañar y a investigar la realidad de personas que presentan muchas carencias, pero que también -con nuestro respaldo- pueden descubrir sus grandes fortalezas. Siento también que yo mismo he seleccionado a las instituciones en las que he laborado, las he analizado y las he preferido para poder trabajar en ellas, ya que sus valores, sus misiones y sus visiones han coincidido con los míos. Así, que ha sido una "selección mutua", llena de obras, aprendizajes, y de desafíos.

Gracias a mi trabajo profesional he podido conocer todas las regiones de mi hermoso país, su gente tan generosa, un pueblo que al compartir la vida, se va educando y va creciendo. Pasar de una cruel dictadura a una auténtica democracia, exige un largo proceso, un verdadero trabajo y yo siento que -gracias a Dios y junto a mucha gente- he podido contribuir a esa transformación social, que debemos entre todos los chilenos, cuidar y fortalecer, cada día, de los embates del autoritarismo y del anarquismo, que cobra muchos adeptos entre nuestros jóvenes contemporáneos.

Aunque hay variables ideológicas y políticas que en nuestro ambiente chileno, a mí y a muchos otros como yo, nos hacen sentir como si fuésemos "operadores políticos", como "ingenuos profesionales" o como "tontos útiles", ayer y hoy -más que nunca- debemos seguir aportando a nuestro querido Chile.

Aunque no obtengamos ningún tipo de reconocimiento por nuestra labor social y educativa. A veces, con tantos reconocimientos, con tantos halagos y premios, sin saberlo o sin sospecharlo, los seres humanos comenzamos a corrompernos o a desviarnos del camino del bien. Nuestro país necesita del aporte de todos, en cada época de su historia, especialmente hoy que estamos atrapados por un **exacerbado individualismo** que nos impide ser una familia y ser una comunidad.

¡¡Gracias Chile, por dejarme aportar algo de mi persona, y de mi trabajo como sociólogo y como educador, al fortalecimiento de tu alma acogedora y generosa!!

Aunque soy un pobre diablo, se despierta el día y hecho a andar, invencible de moral, que difícil es buscar la paz, convivir venciendo a los demás, nuestra sociedad es un buen proyecto para el mal... Dejo sangre en el papel y todo lo que escribo, al día siguiente rompería, si no fuera porque creo en ti, a pesar de todo, tú me haces vivir, me haces escribir dejando un rastro de mi alma y cada verso es un girón de piel. Soy un corazón tendido al sol... (Víctor Manuel)

El pago de Chile

La tía NN nació en una ciudad del sur de Chile, donde participó activamente en el coro de niños y en la pastoral juvenil de una parroquia de los padres dominicos, y luego, en su juventud, se fue a vivir a Santiago, primero con una tía y su esposo que no tenían hijos, y después, con su hermano mayor y su familia nuclear. Estudió, con mucho esfuerzo y motivación, educación de párvulos y después de un tiempo de práctica y de donar casi un año de trabajo sin remuneración, postuló a trabajar y quedó en un jardín infantil dependiente de Carabineros de Chile.

La tía NN era la educadora más feliz del mundo, ya que hacía de tal manera sus actividades pedagógicas con los niños, que parecía estar jugando y divirtiéndose siempre con ellos. Planificaba con anticipación las actividades pedagógicas que iba a realizar durante la semana con sus niños, preparaba los materiales que iba a necesitar en cada actividad planificada, y realizaba con mucho amor lo que había planificado, y se notaba que gozaba con lo que hacía en "su" jardín infantil.

Le encantaba contarles cuentos a los niños y que luego, ellos también inventaran cuentos propios. Había una niña de su nivel, que cantaba las canciones del dúo "Pimpinela", haciendo las voces del varón y de la mujer, al mismo tiempo, y lo hacía con gran potencia, desplante y en forma muy armoniosa; era una verdadera "artista", a la que la tía NN hacía brillar siempre.

En una ocasión, un niño le llegó contando que en su casa habían recibido a Don Francisco, el famoso animador de televisión, y agregando una serie de otras cosas grandiosas. Días después la madre de este niño, al hablarle la tía NN, de lo que contó su hijo, le respondió que su pequeño tenía una gran imaginación y que le gustaba inventar historias que -él mismo- las consideraba totalmente ciertas.

A la tía NN también le gustaba hacerles hablar, jugar y pintar, y conversaba sobre lo que cada niño iba dibujando; los hacía cantar y les enseñaba algunos bailes. También, como buena profesional, iba evaluando las actividades pedagógicas que había desarrollado durante cada semana. Quería siempre mejorar en su misión como educadora, para poder servir mejor a sus niños y niñas.

Los niños y niñas de su nivel, transición mayor, la querían mucho y le tenían mucha admiración, lo que significaba que -permanentemente- tenía que estar conversando con las madres de estos niños sobre las fabulosas cosas ellos que le contaban de esta tía tan cariñosa, amorosa y buena onda con cada uno de "sus niños".

Los niños aprendían muchas cosas con ella y por eso estaban felices y muy motivados por ir al jardín, todos los días.

Los niños no querían faltar al jardín, aunque estuvieran enfermos. Además, todos los niños que educaba quedaban muy bien preparados para ingresar a la educación básica. A ninguno le iba mal.

El ambiente laboral en el jardín infantil era muy bueno, ya que predominaba un excelente trato y una muy buena comunicación entre todas las educadoras, las auxiliares, y entre todo el personal del jardín. Había un clima de camaradería y de buena comunicación.

Las familias de los niños querían mucho a todas las personas que trabajaban en el Jardín infantil, lo cuidaban y ayudaban en todo lo que se requiriera, cooperando cuando se hacían fiestas, cumpleaños u otras ceremonias con los niños.

Cuando salían a pasear con los niños, a un parque, al zoológico o a otro lugar, hacían todo un operativo con los carabineros para resguardar y proteger la seguridad del bus donde se transportaba a los niños y al personal del jardín infantil, porque -decían- les podían atacar o hacerles un "atentado terrorista".

Fuera del tema de la seguridad institucional, todo era felicidad para la tía Nena en este jardín infantil, lo que se sumó a la dicha personal de su matrimonio y -luego de algunos años- al nacimiento de su primogénita, a la que después llevó a la sala cuna de su jardín, donde todos los niños la regaloneaban mucho, como a una linda muñequita.

Ese ambiente tan positivo duró hasta el día 11 de mayo de 1983, Día de la Primera Protesta Nacional contra el régimen militar.

Ese día -en la noche- la tía NN estaba en su casa con su familia nuclear y la visita de dos familiares, cuando comenzaron a sonar los cacerolazos en todo el barrio y se escuchaba muy fuerte el caceroleo, también desde otros barrios aledaños. En el barrio donde vivía la tía NN, de un total de setenta viviendas, hubo caceroleo en unas cuatro o cinco casas, ya que una buena parte de los dueños de casa de ese conjunto habitacional trabajaba en instituciones como Carabineros de Chile, en la Policía de Investigaciones, en Gendarmería de Chile y en el Ejército de Chile.

Pasaron cuatro meses y un día en la mañana, llamaron a la tía NN a la oficina del coronel que estaba a cargo del jardín infantil.

El coronel le dijo que se había hecho una exhaustiva investigación interna sobre ella y que -algunos vecinos, a los que él calificaba como "buenos chilenos"- la habían acusado de tocar las cacerolas en su casa, lo que era considerado como una grave deslealtad para la institución y para el gobierno militar.

El coronel puso su pistola sobre la mesa y le dijo que sabía que su esposo era un sociólogo, que incluso éste iba a visitarla en el jardín infantil, que además, él trabajaba en una Vicaría del Arzobispado de Santiago y, finalmente, que sabía que ella junto a su esposo participaban activamente en la parroquia cercana a su domicilio, cuyo párroco (que era de España) era muy "conflictivo" y que "se metía en política". En vista de todos estos antecedentes le comunicaron que estaba despedida de su trabajo y que tenía que firmar el acta que le estaban presentando.

El coronel le dijo "tiene que firmar inmediatamente este documento". La tía NN le dijo, después de leerlo, "yo no lo voy a firmar, porque es una injusticia lo que están haciendo conmigo, pues yo no he hecho nada".

El coronel, acercando su mano a la pistola que había puesto en la mesa, le dijo "si no firma, lo puede pasar muy mal". Luego de un instante muy tenso y dramático, la tía NN le dijo "voy a firmar, pero no estoy conforme". Tomó el documento y estampó su firma y luego agregó con su propia letra: **"NO CONFORME"**.

En ese mismo momento, luego de firmada el acta de despido, tuvo que hacer entrega de su tarjeta de identificación de Carabineros y de todos los efectos que pertenecían a la institución.

Se dirigió a su jardín infantil, lugar donde trabajó durante siete años y medio, tomó sus efectos personales y regresó muy triste a su hogar.

Al llegar junto a su familia, pudo desahogarse y llorar de impotencia y dolor por esta grave injusticia y arbitrariedad.

A sus compañeras de trabajo, las autoridades, le dijeron que ella era una peligrosa comunista, que podía hacer algo malo (realizar algún atentado terrorista) al jardín, o a los niños y que desde ese día, no debían volver a hablarle -por ningún motivo- o les iba a ir muy mal. Les recordaron que en ese jardín infantil se atendía a tres de los nietos del General Director de Carabineros de Chile, así es que era muy delicada la situación, ya que afectaba a la seguridad de ellas y de todos los niños que se educaban allí.

En síntesis, la despidieron porque a la tía NN se le acusó de haber tocado las cacerolas el 11 de mayo, lo que ella nunca hizo, y además, por participar con su esposo en una parroquia a la que ellos calificaron de "conflictiva", y porque su marido era sociólogo (lo que era percibido como algo "muy malo") y lo más terrible era que él trabajaba en una Vicaría del Arzobispado de Santiago (lo que era visto como un "antro de comunistas, de rebeldes y de terroristas").

En efecto, junto a su esposo participaban en la pastoral prebautismal, en misiones y en la pastoral juvenil de su parroquia.

Su esposo, efectivamente, era sociólogo y era el Jefe del Área de Estudios Sociales y Pastorales de la Vicaría de Pastoral Juvenil del Arzobispado de Santiago. Pero, ambos, no tenían ninguna militancia político partidista.

La tía NN, que lo dio todo -como educadora- por sus niños, recibió el "pago de Chile", lo que significaba desprecio, ingratitud, degradación e indiferencia. La acusaron de algo y nunca probaron su culpabilidad, pero, políticamente tenían todo el poder de condenarla, de desacreditarla y de apartarla de su trabajo sin ningún tipo de indemnización, y -para colmo- le señalaron que ella tenía que "agradecerles", porque "podía haberlo pasado mucho peor".

Después de unos meses de mucha tristeza, y luego de unas consultas y gestiones que hizo su esposo, al interior de la Iglesia de Santiago, la tía NN postuló, fue contratada, y comenzó a trabajar como directora del Jardín Infantil de Nuestra Señora de la Victoria, en la población del mismo nombre, en la zona sur de Santiago.

Aquí, en este nuevo jardín la tía NN volvió a renacer, a ser feliz junto a sus amados niños y también pudo conocer a fondo "la otra cara de la moneda", ya que los niños y niñas que asistían a este jardín eran hijos de familias pobres, tenían muchos problemas de salud, presentaban dificultades familiares y económicas y además, los mismos niños le contaban cómo era la represión policial que afectaba a sus propias familias, en forma permanente. Los niños le decían que, escondidos, mirando por las cerraduras o por algunas rendijas de sus casas, veían como los carabineros hacían apagar -con sus cuerpos- las fogatas que los pobladores hacían en las calles y cómo les pegaban culatazos en la cabeza y en todo el cuerpo.

En medio de la rutina pedagógica diaria del jardín infantil, en varias oportunidades, recibieron la visita del padre André Jarlan, que era el vicario parroquial, quien se instalaba y se sentaba entre los niños y estaba feliz de compartir con ellos, en medio de las canciones, de los cuentos o de una torta de cumpleaños de alguno de los niños.

Al padre André le gustaba ir a estar con los niños, ya que así se energizaba positivamente -con mucho cariño- para salir a enfrentar la dura realidad de los jóvenes de la población que eran adictos a las drogas y al alcohol, ya que estaba aumentando su consumo, en medio de una dura realidad de exclusión social, económica y política.

Posteriormente, en agosto de 1984, el padre André Jarlan, mientras oraba y leía la Biblia en su pieza, recibió un balazo en la cabeza, disparado por un carabinero que reprimía a la población. En una oportunidad, el padre André había dicho que *"la principal tarea de un asesor de pastoral juvenil era la de dar su vida por los jóvenes".*

En otra ocasión, del Jardín Infantil de la Victoria, llevaron a los niños al circo grande que se instalaba en Alameda con General Velásquez. Con los payasos y otros números los niños se divirtieron mucho y se reían a todo pulmón. Pero, cuando apareció el domador con el látigo que blandía sobre los leones y tigres, los niños, levantando un brazo con el puño cerrado hacia el cielo, comenzaron a gritarle: **"¡A-se-sino!, ¡a-se-sino!".**

Los carabineros que estaban presentes, les dijeron a las tías que hicieran callar a sus niños, o que se los llevaran del circo. Pero ellas les respondieron que los niños no se callaban, que no podían hacerlos callar, porque esa era la dura realidad que vivían todos los días en su población.

La persona que estaba cargo (como administradora) del Jardín, hasta ese momento, la señora Norma, que era madre y abuela, era una dirigente poblacional muy conocida desde el comienzo de esa población, la que como líder que manejaba los bienes, los materiales y los recursos (que llegaban de la solidaridad internacional) sabía imponerse y manipular a sus vecinas, al personal del Jardín y a los padres, madres y apoderados de los niños que asistían al Jardín.

Luego de un tiempo de conocimiento y de relativa tranquilidad al interior del Jardín infantil, a la señora Norma se le ocurrió que esta nueva directora -la tía NN- le estaba "quitando poder" ("el poder popular") y relevancia ante el personal y ante la comunidad poblacional.

Un día, la señora Norma citó, para esa misma tarde, a una reunión extraordinaria a los padres y apoderados en el jardín infantil, en la que quería quitarle todo poder a la tía NN, ya que consideraba que ellos, los pobladores podían autogobernarse como quisieran y que "los externos" solo podían ir a colaborar y nada más.

La tía NN, previendo lo que podría pasar en dicha reunión, se acercó al mediodía a conversar con el párroco del sector, el Padre Pierre Dubois, al que le explicó la situación que estaba pasando en el jardín y le invitó a que fuera a decir su palabra como pastor de toda la población en la reunión de esa tarde.

La "encerrona" que le quería hacer la señora Norma a la tía NN no le resultó, ya que en la reunión apareció -sorpresivamente para ella- el padre Pierre, quien señaló que la directora del jardín infantil, la tía NN, contaba con todo el respaldo de la parroquia y de la Vicaría Sur, que ella desempeñaba y lideraba una labor técnica pedagógica, que tiene que ver con el aprendizaje de los niños y que -por otra parte- la administradora debía velar por la correcta administración de los recursos en función de lo técnico.

El padre Pierre llamó a todos a trabajar mancomunadamente en función del bienestar y de la educación de los niños y niñas, los invitó a conocerse y a dialogar en forma permanente, para ir superando todos aquellos problemas y dificultades que se pudieran presentar. Su palabra de pastor, tan clara y tan valiente frente a la represión que sufría la población, hizo que -en esa reunión- se limaran las asperezas y que se tuviera otro punto de vista respecto del trabajo del jardín infantil, que era principalmente educativo, pero que -al depender de la parroquia- también tenía un carácter pastoral, en el que todos podían dar su aporte.

Por algunos meses, todo resultó bien, sin embargo, las pautas culturales de autoritarismo, de dependencia, de clientelismo y de dominación no se superan de un día para el otro.

La incomprensión y la desconfianza, el juicio al "extraño", permanecieron como un telón de fondo, el cual -pese a las jornadas y talleres que se hicieron con todo el personal del jardín infantil- no se logró superar.

La tía NN debió hacer, junto con su esposo, un viaje al extranjero, el que se prolongó por más de un mes y al regresar a Chile, teniendo presente esa mirada tan negativa, de profunda desconfianza hacia su persona y hacia su trabajo como directora del Jardín, la que había sido creada y promovida por la señora Norma, líder poblacional, la tía NN presentó su renuncia, en forma indeclinable.

La tía NN, que lo dio todo por estos niños, tan carenciados y vulnerados, luego de siete años, volvió a recibir el "pago de Chile", lo que significaba desprecio, ingratitud, degradación e indiferencia. Volvieron a acusarla de algo que no hizo y nunca probaron su culpabilidad, pero, políticamente tenían todo el poder de condenarla, de desacreditarla y de presionarla para hacerla tomar la decisión de apartarse de su querido trabajo.

La tía NN experimentó en carne propia, "las dos caras de la moneda en Chile".

Por una parte, vio cómo los adultos -de una institución pública- que decían proteger a los niños de posibles atentados terroristas, la acusaron (en el marco de la doctrina de la "Seguridad Nacional") de ser "comunista" y la despidieron injustamente, de su trabajo; y, por otra parte, vivenció cómo los adultos -de una organización poblacional- que decían proteger a los niños de la "represión policial y militar", (en el marco del autodenominado "Poder Popular") la acusaron de invadir e insegurizar los espacios de vida y de poder de los pobladores y, por eso, la presionaron para que renunciara a su trabajo.

Educar niños, educar párvulos, que al parecer es una vocación muy sencilla y fácil de comprender y de apoyar, en un Chile enfermo de desconfianza y de odios sociales, se constituyó para la tía NN, por razones políticas e ideológicas, en un verdadero calvario, en una cruz, que le significó muchos problemas y dolores.

El "pago de Chile" es una expresión utilizada en nuestro país, para dar a entender que no se ha agradecido como se debiera una buena acción desarrollada.

Si el "pago de Chile" es o implica algo negativo, entonces, podemos afirmar que la tía NN ha recibido "el pago de Chile", ya que en su jubilación -que hoy es muy baja- se ha visto concretamente reflejado este "pago".

Sus excompañeras del jardín infantil de Carabineros de Chile, que ya jubilaron también, reciben actualmente, una pensión que es -unas diez veces- mayor que la que percibe la tía Nena.

Pero la felicidad y la alegría compartida -como educadora- con sus niños y sus niñas, en ambos jardines infantiles, de los que cada día se acuerda, nadie se la podrá quitar jamás.

La tía NN recibe una baja e injusta pensión, pero su conciencia y sus manos, como ciudadana y como cristiana, están limpias, blancas como la nieve.

Hay una frase bíblica que dice: ***"Es preferible sufr*ir por hacer el bien, que por *hacer el mal".*** Sin embargo, qué rabia e impotencia da ver cómo a quienes han sido indiferentes o cómplices en la cultura del silencio, al final se les premia de múltiples formas en nuestra sociedad, incluyendo en sus pensiones al momento de jubilar.

Oda a Macarena Sofía

Es el alma convertida, que comunica vivencias,
empática y divertida, va superando inclemencias.

Su amor a Cristo está claro, como el sol de la mañana,
y siempre espera un milagro, en esta vida cercana.
Lucha, navega y avanza, por canales torrentosos,
vence estudios, no se cansa, cruza ramos caudalosos.

Autónoma, cual gitano, que sabe leer su mano,

del Evangelio cristiano, que sabe ver a su hermano.

Compartiendo es muy feliz, la Palabra del Señor,

y su canto, vence al gris, supo que Dios es Amor.

Su vocación es llamado, a ser persona social,

que crece y es bendecida, cuando lucha contra el mal,

contra la humana injusticia, con su carga de malicia,

que es vencida por la ciencia, con su tesón y paciencia.

Abogada de los pobres, abogada de excluidos,

abogada de sedientos, abogada de sencillos,

abogada de corderos, entre los lobos hambrientos,

abogada de silencios, frente a un coro de asesinos,

aboga por causas nobles, aboga por tratos justos,

aboga por los valores, aboga por los caminos.

Sabiduría de Maca, que la orienta al justo y fiel,
sabiduría de Maca, que vence, haciendo el bien.

Oda a Amalia

**Es agua energizante,
como una mujer activa,
con juventud militante,
irradia su ser creativa,
Muy libre, por esos campos,
bajo la lluvia sureña,
de niña, risas y llantos,
supo crecer y risueña.
Sufre con cada historia,
de sus entrañables partos,
y guarda en su memoria,
pasos, lecturas y cantos.
Su belleza ha derramado,
su ser lo ha fortalecido,
su tesoro más amado,
lo conserva, bendecido.
Por eso alaba contenta,
al Señor de los Milagros,
pues sabe ponerse atenta,
a hitos y panes sacros.
Testimonia la batalla,
de la fe que vence digna,
y su ejemplo no lo calla,
ni la mano más maligna.
En cada hijo un denario,
un rosario de virtudes,
evangelio libertario,
de sencillas gratitudes.
En cada nieto una rima,
de la profunda alegría,
por su semilla que arrima,
un árbol grande que guía.
Por eso baila en familia,
para expresar santo gozo,
ha ganado en su vigilia,
bebiendo en su propio pozo.**

Aleluya, por Amalia

Y nuestra Amalia lo encontró,
el aire nuevo que buscó,
y al Dios Amor de toda su confianza,
una cristiana que sembró,
y hoy su amor lo cosechó,
cantando siempre alegre, aleluya.

Aleluya, aleluya,
Aleluya, aleluya.

Su casa en templo transformó,
y a hijos y nietos enseñó,
que la oración fue aliada en su camino,
muy generosa se mostró,
y al buen Jesús lo reveló,
con su mirada canta el aleluya.

Aleluya, aleluya,
Aleluya, aleluya.

Por nuestro Chile compartió,
y a otros hermanos conoció,
y al Padre Alberto Hurtado ayudó,
amiga siempre del Señor,
sintonizó con su amor,
y canta hoy, feliz, el aleluya.

Aleluya, aleluya,
Aleluya, aleluya.

Centro de Atención Familiar

Como agua de un limpio río,
de nuestra montaña andina,
calmamos la sed y el frío,
con el calor de la vida.
Somos un noble alimento,
para los cuerpos cansados,
para el alma, en su lamento,
de espíritus quebrantados.

Somos saludo sincero, somos acogida y verso,
y damos el mundo entero, damos luces, y universo.
En esta reunión de hermanos, somos diálogo humanista,
comunicando, cercanos, nuestra misión realista.
Para diversas familias, los fieles comunitarios,
día y noche, y sus vigilias, sirviendo, aquí, solidarios.

Atendiendo y escuchando,
enseñando y aprendiendo,
orientando y dialogando,
con amor, vamos creciendo.
Somos vasos de esperanza,
somos auténtico evangelio,
que de animar, no se cansa,
buen corazón, rompe el hielo.

Siempre por la humanidad,
en nuestro pesebre centro,
hay milagros, de verdad,
pues brotan, de muy adentro.

Cuando una persona crece,
y aprende a enfrentar la vida,
nuestro trabajo, florece,
es nuestro pan y bebida.

Claudia Andrea

Orgullosa de su origen,
orgullosa de su historia,
su alma y pasos se dirigen,
al Dios de amor y victoria.
Por eso disfruta el canto,
y la oración matutina,
con su fe superó al llanto,
su esperanza es cristalina.

Activa y contemplativa, es laica comprometida,
solidaria y combativa, por la justicia sentida.
Es mujer valiente y bella, que entrega su corazón,
por amor, como una estrella, brilla su fe y su razón.

Lidera una buena orquesta,
de música para niños,
y les prepara una fiesta,
con besos y con cariños.
Su valentía y su orgullo,
se inclinan ante el pesebre,
de Jesús y del arrullo,
de su Madre, en todo diciembre.

Su familia es Navidad,
donde, siempre, nace el Cristo,
camina en fraternidad,
con espíritu, siempre listo.
Entrega y recibe,
alaba y comparte,
en su Iglesia fiel, revive,
su fe cristiana es un arte.

Aleluya, por Felipe y Solange

Solange, Felipe, es el Amor
que en matrimonio, se unió,
y hoy caminan, juntos, el camino,
se aceptan siempre, por amor,
y se reciben, en amor,
y cantarán felices, aleluya.

Aleluya, aleluya,
Aleluya, aleluya.

Su casa brilla, en comunión,
y su familia se alegró,
su oración les guía en su camino,
Solange alegre se mostró,
y así Felipe la besó,
con su mirada cantan, aleluya.

Aleluya, aleluya,
Aleluya, aleluya.

El buen Jesús les animó,
y sus carismas les donó,
y su consentimiento fue sincero,
son seguidores del Señor,
y sintonizan con su amor,
y se amarán felices, aleluya.

Aleluya, aleluya,
Aleluya, aleluya.

Carlos Enrique

Es hombre de fortaleza,
que radica en su confianza,
ya que su fe es la belleza,
con la que irradia esperanza.
Con la mujer que es alegre,
su esposa, vida y amor,
construyeron un pesebre,
con paciencia, mil color.
Dona sus llanas virtudes,
dona su trato amoroso,
dona su fieles canciones,
dona su huella, gozoso.

Cada día lo verán, con su rostro luminoso,
compartiendo el mismo pan, ¡superó lo doloroso!.
Su fuerza es de humanidad, es columna permanente,
que enseña fraternidad, tan alegre y consistente.
Hombre fuerte y preparado,
para ascender al Señor,
hace un sendero sembrado,
del paternal buen humor.

Él es fuerte y varonil,
correcto y apoyador,
él lucha, y lucha por mil,
con su fuego abrasador.
No lo verán, disparar,
contra un destino funesto,
él se acerca para obrar,
y a ayudar, leal y honesto.

La calle Catedral

En la calle Catedral, justo entre Puente y Bandera, la mezcolanza es total, cosmopolita vereda, peruanos cortando el pelo, y haitianos riendo al sol, colombianos y empanadas, y arepas venezolanas, se cambia el infiel dinero y se vende el chicharrón, chilenos oficinistas y turistas por montón, comparten la acera norte y la estrechan, siempre al son.

Sentados en el gran templo, esperando una labor,

que los llamen, pronto, pronto, y trabajar, con sudor,

no están perdiendo su tiempo, es su red, su ubicador,

entre barajas, el día, se va acortando, en ardor.

Negros, blancos y mestizos, indígenas y mulatos,

visitantes, residentes, ilegales y ambulantes,

con sabores extranjeros, y mil olores diversos,

arrancando entre la gente, con su asada y dulce leche.

con su ceviche en bandeja, antes que llegue el control.

Chilenos indiferentes, sorprendidos por aquí,

dicen que es "otro país", por ver a tanto migrante,

no reconocen su viña, su linaje tan mestizo,

enriquecido en la lid, de esta cultura cambiante.

Y algunos, hasta se enojan, cuando pasan por allí,

y esos violentos sonrojan, pues no saben lo que ven,

estos signos de los tiempos, de universal migración,

de las miles de familias, que luchan por ser feliz,

en un mundo amenazante, y en Chile ven su país.

Es mi calle Catedral, justo entre Puente y Bandera.

"La alegría ya viene"

¿De dónde salen aquellos, que enjuician a los demás,
que le destrozan sus sueños, y su hambre de libertad,
que ridiculizan anhelos, y sus ansias de la paz,
que sólo ven pasos negros, en medio de esta ciudad?.
Dicen que no hay alegría, que no hubo, y no la habrá,
que de nada sirve nada, que hay que morirse no más,
que la esperanza es engaño, y que todo ya da igual,
que da lo mismo el tirano, que democracia es disfraz.
Que no hay que festejar nada, que nada cambió y no lo hará,
que hay que morir vomitando, el odio a la autoridad.
que siempre habrá represiones, abusos e iniquidad,
que los profetas son necios, que vencerá la crueldad.
Dicen que no habrá justicia, que ganó la impunidad,
dicen que somos culpables, por anhelar la verdad,
en un mundo de mentiras, que el bien jamás ganará,
que esta perenne injusticia, crecerá y nos matará.
La alegría no llegará, porque los sueldos no suben,
no llegará la alegría, pues tienen que trabajar,
que deben participar, organizarse, y luchar,
y eso será imposible, pues no "existen" los demás.
En el alma de mi pueblo, hay una chispa genial,
que sabe que la alegría se va tejiendo, entre el mal,
que se construye lo nuevo, en medio del lodazal,
que el amor y la justicia, día a día, vencerán.

El Alzheimer de los hijos

El Alzheimer de los hijos, se contagia en la humanidad,

la distancia y el olvido, se muestran a toda edad,

va fallando la memoria, y es grande dificultad,

se condena a los mayores, a una enorme soledad.

Se les va dejando solos,

y les cuesta caminar,

se les olvidan los rostros,

y el sendero hacia su hogar.

El Alzheimer de los hijos, es terrible enfermedad,

pues la nada, el sinsentido, les vienen a arrebatar,

a los padres de sus hijos, como fría y cruel verdad,

y se postra a los abuelos, sin la mínima piedad.

Ya molestan sus costumbres,

sus palabras y recuerdos,

ya se borraron sus lumbres,

como a cerebros desiertos.

El Alzheimer de los hijos, en la postmodernidad,

no producen y no comen, nadie lo puede negar,

muchos gastos, mil problemas, en la cotidianidad,

y se pierden los apegos, en la vasta oscuridad.

Les declaran relegados, en medio de la ciudad,

les nominan postergados, no hay perdón, no hay caridad.

Nos estamos muriendo

Lentamente, como el día, fallece nuestra energía,

se muere nuestra armonía, en esta selva sombría.

De manera muy suave y firme, como un rayito en penumbra,

fenece, y ya debo irme, de una tierra que no alumbra.

Se muere la fe del pobre, que anhelaba la justicia,

se muere aquella esperanza, que animaba, en la inmundicia.

Se muere el amor humano, ególatra, vil, inconsciente,

ya no se brinda la mano, ya se mató al más valiente.

Ya se murió la hidalguía, de saber ganar, perder,

se acabó la poesía, que amaba el atardecer,

se esfumó aquel principio del saber envejecer,

se invisibilizó el respeto, a la persona y su ser.

Y ellos no quieren surfear, por la muerte, en esta vida,

sabiendo que esta comida, será la última, al fin,

y ya no se arriesgan más, sospechan de la bebida

que ya no brinda esa paz, ese bienestar sin fin.

Y nos estamos muriendo, poco a poco, lentamente,

sus voces van repitiendo, "¡yo quiero quedarme aquí!"

"¡yo quiero quedarme aquí!", "¡yo quiero quedarme aquí!"

"¡yo quiero quedarme aquí!"

"¡yo quiero quedarme aquí!"

El género

Como persona bilingüe, que recorre todo el mundo,

sabe dialogar con todos, sin, nunca a nadie, excluir,

abre puertas y ventanas, donde el afecto profundo,

le enseña a vivir en paz, y al veneno combatir.

Aprende el nuevo lenguaje, del género y del poder,

de perspectivas y enfoques, y roles por aprender,

de orientaciones y acciones, del desarrollo del ser,

de lo diverso y distinto, del misterio y comprender.

Por eso, tiende mil puentes, para poder conversar,

con palabras inclusivas, que tejen la humanidad,

es una red de mil fuentes, buscando reflexionar,

sus miradas comprensivas, respetan la alteridad.

Conoce de ideologías y valora las teorías,

no ignora las realidades, y ama, en pluralidad,

entre humanas alegrías,

y políglotas armonías,

busca la plena equidad, respetando al desigual,

construye felicidad, sabe que el odio es un mal.

Sabe y valora quien es, se ama como persona,

por eso, es capaz de ser, un otro en la convivencia,

humana, en la trascendencia, y en la inmanencia también.

No revientes el globo

Como el sol es una estrella, enana, que está muriendo,
cada persona atropella, a otros, al ir creciendo.
No revientes ese globo, pues no habrá restauración,
cada persona es un globo, que expande su aspiración.
Su ira y su impaciencia, su rabia y su inconciencia,
su desconsuelo e indolencia, su crueldad y su imprudencia,
dilatan sus limitadas, paredes abdominales,
sus horas están contadas, la reventarán sus sales.
Cada persona camina, a punto de reventar,
ya no duerme, ya no come, solo quiere vomitar,
ya no acoge, ya no abraza, solo quiere disparar.
No es la falta de oxígeno, es carencia de bondades,
no es demasiada presiones, es acumulación de males,
no es falta de la paciencia, es la ausencia de virtudes,
no es ausencia de perfumes, es alientos sepulcrales.
No son violentas discusiones, sino silencios mortales,
no son faltas de dinero, sino exceso de vanidades.
No es la ausencia de un amigo, es la multitud de patanes,
no es la escasez de humildades, es abundancia de soberbias.
No revientes hoy tu globo, pues no se reparará,
que no exploten las personas, ¡que aprendan siempre a inhalar!.

La voluptuosidad incomprendida

Voluptuosamente ha dicho, voluptuoso, en su regazo,

voluptuosidad infinita, entre su mano y su abrazo.

Voluptuosidad voluptuosa, que no conoce el pecado,

voluptuosidad amorosa, santa y legal, sin enfado.

Placeres de las parejas, pasiones de los esposos,

liberados de las rejas, de prejuicios envidiosos.

Voluptuosamente bailan, se besan y complementan,

románticamente cantan, se ofrecen y así, se entregan.

Voluptuosidad incomprendida, en diversas sociedades,

sexualidad reprimida, pues la cargan de maldades.

Misterios de los placeres, corporales y terrenos,

del amor entre los seres, del goce de los serenos.

Hombre y mujer, diseñados, para disfrutar la vida,

y esta corta pasantía, y ser feliz, ser feliz.

Nadie cambia, por decreto, la naturaleza humana,

la pareja asume el reto, responden, cada mañana.

Hombre y mujer, abrazados, para amar con alegría,

hombre y mujer, traspasados, de pletórica armonía.

Voluptuosidad infinita, entre tu mano y su abrazo,

voluptuosamente ha dicho,

voluptuoso, en su regazo.

La fe compartida

No se inculca, ni se imparte,

no se impone por la fuerza,

la fe se da, y se comparte,

se transmite como herencia.

Es un gratuito regalo, de un Dios de misericordia,

es una dote, es un faro, que no vence en la discordia.

La fe es libre y voluntaria, es gratuita y es hermosa,

no te obliga a una plegaria, es como brisa amorosa.

Se alimenta en la familia,

y crece en comunidad,

en permanente vigilia,

y florece en la Verdad.

Es un milagro asombroso,

creer en Otro invisible,

que te levanta, glorioso,

te hace vencer lo imposible.

Por eso, en Dios, yo creo,

que es Amor incandescente,

que al agnóstico, al ateo,

les ama, es fiel, y es paciente.

El Papa Francisco es Pedro

Apacienta a mis ovejas,

y cuídame a mis corderos,

ahora, me amas sin quejas,

con testimonios sinceros.

Como Yo, darás tu vida, como fiel y Buen Pastor,

que vas sanando la herida, del odio y del desamor.

Vas conociendo y queriendo, por pura misericordia,

a mi rebaño, nutriendo, en fraternidad y concordia.

Con mi Palabra, levantas, al oprimido y hambriento,

al tullido, tu fe le cantas, y le brindas mi alimento.

Vas pastoreando a los pobres,

de todas las latitudes,

vas optando por los pobres,

a todos, con sus virtudes.

Como mi Padre, eres padre,

eres Papa de este siglo,

Veintiuno, en Alegría,

de familia de familias.

Papa con olor a ovejas, que nos pides bendiciones,

de conflictos, no te alejas,

con acciones y oraciones.

La vocación humana

Cuando a él le preguntaron, qué sería cuando grande,

"piloto de avión a chorro", contestó sonriente el niño,

después dijo: "literato", ignorando ese bello arte,

y, a la misma interrogante, de joven dijo: "cantante".

Visual, en dibujo técnico, le fue excelente en la prueba,

y "arquitectura" le conquista, por su sentido social,

y al tercer año se cambia, "sociólogo" profesional.

De ser sereno "soltero", optó por el matrimonio,

por ser "esposo" y ser "padre", misionero en matrimonio.

de "laico comprometido", va anunciando y aprendiendo,

va discerniendo el llamado, con su esposa, al diaconado,

en salida, a las fronteras, del mundo que está pidiendo,

agua de Dios, bendita, esperanza y fortaleza,

fe, amor, paz y justicia, Evangelio de este tiempo.

Vocaciones tan humanas y, en silencio, tan divinas,

cada una es como un paso, que nos levanta a la cima,

y, cada día, escuchamos, aquella voz del Señor,

que nos pide una misión y nos regala su Amor.

Volando, y creando, cantando, estudiando, orando y catequizando, animando y sirviendo, todo tiene un gran sentido, en la ruta personal, ya que el llamado de Dios, nos da Vida hasta el final.

A Daniel Viglietti

Nuestro Daniel liberado, de en medio de los leones,

su canto fue como un faro, alumbrando entre nubarrones,

existencialista honesto, con hambre de la justicia,

cantautor y hombre sincero, profeta anti-impudicia.

A desalambrar el mundo, a desalambrar la mente,

a desalambrar el cielo, somos uno con la gente,

a desalambrar afectos, a desalambrar los salmos,

a desalambrar tus duelos, y a desarmar la corriente,

del cínico materialismo, del hipócrita consumismo,

del burdo y cruel egoísmo, del que perdió su humanismo.

Tu canto entre los leones, seguirá alimentando,

una esperanza activa, y una genial valentía,

de romper esas cadenas, del que sufre, en agonía.

En un cielo para todos, sin muros y sin fronteras,

ha llegado un hombre nuevo, con canciones verdaderas,

para convertir las mentes, para superar las penas.

A Latinoamérica entera, Daniel seguirá cantando,

en su elevado escenario, y misteriosas banderas,

nos seguirá animando, nos seguirá levantando,

nos seguirá liberando, de alambradas pasajeras.

Eduardo Alberto

**El hombre de Dios camina,
peregrinando, contento,
por el agua cristalina,
se bautiza, fiel, atento.
Para los misioneros, felices,
se les ha enviado un pastor,
guardián de la fe, invencible,
por el amor del Señor.
Es adopción de Amor, que avanza,
hacia los más alejados,
su profetismo le alcanza,
sirviendo a los postergados.
Con su humor y su humanismo,
con su vigor y conciencia,
viene a sembrar, cristianismo,
con bendición y paciencia.
Padre bueno, servidor,
laborioso, persistente,
será el único pastor,
de un año seco, es valiente.**

**Su familia entera, goza,
con este hombre fascinado,
que humilde, la hará hermosa,
por su testimonio amado.
Bendita es la familia,
de este guardián, sereno,
que brilla en su vigilia,
de su rezo, misionero.
Ya es profeta del bien,
maestro de la esperanza,
dejó atrás, en el andén,
su cofre y su añoranza.
Mira adelante, tranquilo,
se ha confiado en el Amor,
que no falla, y es testigo,
de Evangelio salvador.**

Graciela, plena de gracia

**Es la mujer, que va plena,
de la gracia humanitaria,
y su alegría serena,
es bandera libertaria.
La caminante que aprende,
de los pueblos de la tierra,
y las culturas comprende,
entre la paz y la guerra.
Es madre de los sucesos,
de renuevos y milagros,
amiga de los cerezos,
y los caminos más sacros.
Plena de gracia y sencilla,
generosa, en el sendero,
de la fragancia, que brilla
de humanismo verdadero.
Gracia de los mil colores,
que adheridos a su alma,
la protegen de dolores,
y a su alma, le dan calma.**

**Ofrece palabras nuevas,
de las profundas verdades,
en los campos y en las eras,
es verdor de las ciudades.
Comparte su mano abierta,
con regalos del silencio,
de su espíritu, está alerta,
blindado, en divino aprecio.
Es artista de humanismo,
para un mundo que ya muerde,
su aprendizaje es un himno,
y su sonrisa no pierde.
Crece su graciosa vida,
bendecida por carismas,
y su fuerza, es su bebida,
con la que sana los cismas.**

Fernanda	**Gabriela, la de fuerza divina**
La mujer que tiene encanto, natural y cristalino, transparente, como el llanto, que libera a todo niño. La joven que cambió todo, olvidando su "yo" interno, supo limpiar todo el lodo, y vencer al cruento infierno. Con su gracia principal, entrega su ser entero, por los que ama, sin igual, con su corazón sincero. Las semillas de su amor, felices, van dando frutos, con su vida y su calor, doblegarán a los lutos. Hoy se afirma con certeza, que ella dona su cariño, de la mano del divino, que sana toda tristeza. Pasó de la emoción, al reino de justa acción, viviendo en la oración, unidos por santa unción. La mujer que tiene encanto, nos enseña que este llanto, se puede trocar por un manto, de amor, servicio y encanto.	Tiene la fuerza divina, para compartir sonrisas, su corazón ya imagina, un mundo de paz, sin prisas. Tiene la fuerza divina, aprendiendo de los niños, con su palabra ilumina, la escuela de los cariños. Tiene la fuerza divina, para emprender su misión, y en su alma predomina, alegría y redención. Tiene la fuerza divina, para volar hasta el cielo, con la canción cristalina, con esa que rompe el hielo. Tiene la fuerza divina, para tratar como hermanos, a todos, en la colina, en la ciudad y en los llanos. Tiene la fuerza divina, para viajar por el mundo, anunciando a su vecina, su gran amor trotamundo. Tiene la fuerza divina, en su espíritu y su mente, con su vivencia ilumina, su servicio fiel, presente.

La familia real

La familia no es perfecta, discuten sus integrantes,
lo de uno, a todos afecta, en diálogos intrigantes,
la familia está en vigilia, comparte amor y dolor,
cotidianamente auxilia, y a sus miembros da calor.
Comunicaciones buenas, comunicaciones malas,
las sensaciones se expresan, de la noche a la mañana,
entre las risas y el llanto, entre virtudes y fallas,
entre fantasmas que penan, y entre el apego que sana.
Los silencios se digieren, se traducen y se mezclan,
se transmiten y se hieren, se gozan y así, se agrandan,
los secretos se mantienen, se actualizan y se funden,
entre verdades ocultas y entre misterios que cunden.
Los proyectos que diseñan, los llamados que se ignoran,
los sueños que consideran, las visiones que abandonan,
los ídolos que veneran, los dioses que siempre adoran,
los mandamientos que donan, los juicios que se elaboran.
Los abuelos inmaduros, y los niños sapienciales,
las madres controladoras y los padres infernales.
los tíos y tías duros, los sobrinos especiales,
y hermanas castigadoras, y parientes irracionales.
La familia es un volcán, de auténticas emociones,
humanas y partidistas, mezcladas de bendiciones,
discordia y misericordia, herencias y maldiciones,
que nos daña o humaniza, nos libera de traiciones.

¿Votar o no votar?

"No votes más"	"Sigue votando"
Abandona tu utopía, eres un cómplice más, de una seudo democracia, que no lo será jamás. Es mejor la anarquía, que cultives tu ironía, refúgiate en la apatía, ya no eres ciudadanía. Es mejor botarlo todo, romper y quemarlo todo, esta sociedad es del lodo, y hay que destruirlo todo. No serás protagonista, en este mundo esclavista, nunca serás guionista, tu futuro es pesimista. Todos ellos son ladrones, vivarachos, ricachones, se aprovechan de los pobres, y se engordan con millones. Deja de votar, y deja de soñar, que ya no existe el pueblo, y que ya no triunfará. Cinismo, puro cinismo, falsedad e hipocresía, tu voto nada decide, pues ya triunfó la maldad.	Soy hijo de un pueblo culto, del civismo responsable, del ardiente compromiso, de una lucha interminable. Quiero influir en las leyes, para nuestra sociedad, por eso el conocimiento, me ayuda hacia la verdad. Yo no desahucio a mi patria, no la abandonaré más, mis sueños juntos a los tuyos, construyen justicia y paz. Soy actor de mi presente, respetando a otras personas, dar tu palabra es valiente, y no esconderse jamás. No soy pasivo, mirando, como sufren injusticias, los pobres y los dolientes, quiero limpiar inmundicias. Discierno entre candidatos, que representan mis sueños, de humanidad, sin maltratos, de solidaridad, sin frenos. Mi voto es un ladrillo, que ayudará a mi nación, a ser diamante, con brillo.

Lo que yo haré:

No abandonaré mi palabra, ni mi labor cotidiana,
mi voto hará que se abra, mi futuro en mi ventana.
Al votar, no endoso nada, trabajaré hasta el final,
soy dueño de mis acciones, quiero vencer ese mal.
No espero magia, ni suerte, ni regalos, ni adulaciones,
espero aprender y compartir, y ayudar al ben vivir.
Luchador, pero no ingenuo, dialogando se hace la paz,
entre diversos e iguales, de un pueblo siempre capaz.
Yo voto por mis valores, por mi trabajo paciente,
y voto por mis amores, por mi construcción valiente.
Al César lo que es del César, mi cancha no entregaré,
a Chile lo que es de Chile, mi historia no donaré.

Su precaria condición (el caso de Daniela Vargas, de Caguach)

La precariedad de su vida, le mostró una segura muerte,
y su inseguridad latente, la llevó a una muerte potente,
su escasez de vida digna, trocó en abundancia de muerte,
y su salud inestable, a su deceso impotente.
La brevedad de sus fuerzas, derivó en su eterna partida,
y el apuro de sus pasos, cambió a lenta defunción,
su limitación de vida, hoy es muerte ilimitada,
su pobreza de recursos, hoy es riqueza sin fin,
su diagnóstico de insuficiencia, concluye en suficiente muerte,
su fragilidad de medios, es fortaleza de un cruel fin.
Su caducidad sanitaria, a su inclaudicable mal,
su transitoria persona, a su permanente destino.
Tenía demasiadas carencias, lo que la inhabilitaba,
para andar en esta tierra, sin respaldos suficientes,
de familia, de dinero, de amor propio y de suerte,
tan precaria era esta niña, que la enviaron a la muerte.
No es fracaso en la intención, no es la falta de atención,
la causa de su extinción, es su precaria condición,
no es error de apreciación, no es maldad, ni es maldición,
esta niña enferma ha muerto, por "precaria condición".
¿No son éstos argumentos, precarios e insuficientes,
los que allanaron su muerte, ignorando vuestra misión?

Vigésimo aniversario

En la misericordia creo, en la luz que clarifica,
y en nuestra Iglesia yo veo, su misión que testifica.
Esa luz es la de Cristo, que nos salva y nos libera,
a su Amor no me resisto, en su eterna primavera.

El farol de aquella instancia, del nono Sínodo es brote,
que evangeliza, en la constancia, a la familia y su dote.
Cada día, sus faroles, salen a comunicar,
noticias, lunas y soles, del Reino que invita a amar.

Mirando esta viña inmensa, con la mano en el arado,
va a su cultura diversa, con la Paz del Hijo Amado.
Lleva el Pan y lleva el Vino, lleva el diálogo y su ardor,
lleva el regalo divino, su bendición, su valor.

Del corazón de la Iglesia, alegres por el Amor,
que Dios da, a cada familia, pastoreamos, con calor.

El servicio cotidiano, a multitud de familias,
es misionero y cercano, en medio de sus vigilias.
Delegación del Señor, que anima la comunión,
que todo hace, en su honor, persevera en su misión.

Va aportando formación, para agentes pastorales,
discierne en la reflexión, entre dilemas morales.
Aporta su librería, y su centro de atención,
y a cada familia herida, le ofrece paz, sanación

Vigésimo aniversario, del pescador en su lago,
y bendito el calendario, sirviendo siempre a Santiago.
Felices, cada mañana, pues nos permite gritar,
a la gran familia humana, ¡Dios nos viene a levantar!

"Homo economicus chilensis"

El espíritu de Chile, ha cambiado enormemente,

dinero y economía, predomina entre la gente,

y "¿cuánta plata tú ganas?", es la clave de la mente,

para juzgarnos lo usamos, como un factor dirimente.

"Tanto tienes, tanto vales", y ya no seas ingenuo,

y "el que puede, puede", pues, "sin poder no eres nadie",

se habla de "buenas familias", a las de mil pertenencias,

poderosas, millonarias, y a las que dejan herencias,

te miden por lo que gastas, y por tus ropas modernas,

si eres pobre, les espantas, como un ser de las cavernas.

Hoy le llevamos las cuentas, de lo que gastan los hijos,

desde el pañal desechable, a la universidad completa,

de la comida y las fiestas, de la adolescencia inquieta,

del celular, TV cable, del comienzo hasta la meta.

Hoy compramos tantas cosas, que nunca las disfrutamos,

con créditos y con deudas, con regalos nos mostramos.

¡materialismo destrozas!, lo más sagrado que amamos,

y acaparamos más deudas, los saldos, aprovechamos.

"Si no trabajo, no como", "a mí, nadie me ha ayudado",

"¿cómo voy en el negocio?", "a mí, nunca me han pagado",

"no lo hago por amor al arte", "con plata, el mono ha bailado",

y ahora dime, "economista",

¿pagarás eso que sabes, que al Jumbo hoy le has hurtado?

La señora Soberbia

Esa señora Soberbia, se sabe toda la historia,

que se engríe en la victoria, aunque no tenga memoria,

dice que sabe las causas, de todos los derrotados,

que conoce los factores, que explican a los llamados.

Dice que viene de vuelta, de todas las democracias,

que aprendices de derrotas, perdieron toda su gracia,

que ella sabe en la revuelta, en esta gran burocracia,

que desprecia las derrotas, en la vieja plutocracia.

La soberbia intelectual, prima del odio moral,

hermana del gran orgullo, nieta de rabia ancestral,

es antigua y muy actual, está vigente en su mal,

amordaza a ese murmullo, de la humildad, que es mortal.

Todo lo sabe de Chile, lo que quiere y lo que sueña,

nada tiene que aprender, y nunca irá a negociar,

es dueña de todo Chile, y logra lo que se empeña,

jamás se va a estremecer, respira para triunfar.

Todo lo tiene muy claro, y solo puede enseñar,

con su palabra inaudita, y su inclemencia brutal,

que ella no gane es lo raro, si nació para arrasar,

todo lo sabe y lo grita, con bullicio y vendaval.

Soberbia, cállate un poco, para escuchar al volcán,

de este pueblo efervescente, de su dilema y su plan.

El pecador y el corrupto

La corrupción es pecado, que nunca es reconocido,

se aleja de la humildad y es elevada a sistema,

se convirtió en costumbre, una forma de ser "vivo",

pues, no requiere el perdón, se "victimiza" y se niega.

El pecador necesita, perdón y misericordia,

hace el mal, por vulnerable, y jamás se justifica,

el pecador se arrepiente, cae y recae, mil veces,

más, su vergüenza es palpable, su dolor, le crucifica.

El corrupto siempre peca, no se arrepiente de nada,

si es "cristiano", escandaliza, su doble vida es malsana,

el corrupto no es humilde, su soberbia, cruel, lo engaña,

su riqueza es mal ganada, su palabra, es trastornada.

El corrupto roba y miente, con "cara de fiel", sonriente,

luce una "familia decente", que es su apariencia potente,

se apropió de otras empresas, y engañó a otras personas,

acaparó, y se enriquece, y su egoísmo es creciente.

Dos realidades distintas, que no se deben ligar,

el pecador y el corrupto, no se pueden vincular,

el pecador, cambiará, y el corrupto, persistirá,

el uno, se salvará, y el otro, se pudrirá.

¿A quién prefieres, hermano?, ¿cuál de los dos te dará,

lo que tu ser necesita?, ¿con cuál vivirás en Paz?

Con un solo ojo

A esa tímida, la moda, le brindó liberación,

con vestimentas y estilos, rompiendo su represión,

su cabellera preciosa, era señal de atracción,

y buscó la forma, ansiosa, de llamar, más, la atención.

Como la moda le manda, un mechón tapó su ojo,

su mejor ojo, el izquierdo, no le sirvió para ver,

y, así caminó contenta, como tuerta, de reojo,

dos años fue popular, entre los que pudo ver.

Carretes, fiestas y abrazos, sí le sacaron pedazos,

bailes y oscuros regalos, ya le cambiaron sus pasos.

Y al final de esos dos años, tomó "crucial decisión",

de ser pareja, sin más, del "medio hombre" que vio,

y tuvo tres "medios hijos", por su opción de "no visión",

hasta el día en que jamás, borrará del corazón.

El hombre que medio vio, nunca, nunca la amó,

y como a una preciosa ciega, siempre, siempre la trató,

y por eso la engañó, ya que él nunca la miró,

y por eso la dejó, ya que ella nunca lo vio.

Maldita moda inocente, que la dejó sin mirada,

moda ingenua e insolente, que la obligó en la calzada,

a ser una "emo", diferente, imitando esa estocada,

de sentirse "admirada", con su alma bien tapada.

Adriana

Es aura, mujer del mar,
del mar de las bendiciones,
del amor y del cantar,
de solidarias acciones.

Madre de sensibilidades, sociales y humanitarias,
valientes habilidades, profundas y libertarias.
Su vida, como una ofrenda, como una lección completa,
un misterio que comprenda, su donación y su meta.

Su amor, feliz, oblativo,
se donó, se compartió,
con su carácter festivo,
y sus dones repartió.

Su cotidiana presencia,
continúa hoy percibida,
en su más sabia herencia,
en su familia, en su vida.

Porque todo lo entregó,
porque nada se guardó,
su cosecha le alegró,
y su alma liberó.

Su amor de madre y de abuela,
como una brisa muy suave,
que acaricia y que vuela,
viaja, contenta, en su nave.

Mirando por esa ruca

Su tata, junto a su ñaña, le ayudaron con su chape,

mientras un guarén araña, por un pichintún de ñachi,

su hermano menor, pilucho, luce un piñén indomable,

en su guata y en sus piernas, quiere sacarlo y no sabe.

La machi, con sus mil hierbas, lo limpia completamente,

y el cochayuyo lo bate, entre menta y aguardiente,

el mudai lo dejó mudo, al ver al gato montés,

colo colo, bien curiche, comiendo lauchas, valiente.

El charquicán le sostiene, le alimenta cada día,

con paila, de siete huevos, que le brindan su energía,

y el ulpo que lo mantiene, cuando la tarde se enfría,

y el malón más sorprendente, es su yapa entretenida.

Mirando por esa ruca, por la rendija del frente,

veo el volcán y la bruma, veo a la gente impaciente,

los tatitas y las machis, llevan marcada en su mente,

un sueño muy trascendente, incansable e imponente.

Dame tu miel y tu arrope, la cera de tus abejas,

dame tus canciones libres, y no les vendas tus tierras,

protégelas con tu magia, con tu nguillatún alejas,

a truhanes y a embusteros, que se presentan con guerras.

Algunas preguntas a unos jóvenes de hoy

¿Por qué tú rayas las micros?, "lo hago porque me gusta",
¿por qué tú evades pagar?, "lo he hecho porque me encanta",
¿por qué, en la calle, tú bebes?, "porque a otros les asusta",
¿por qué marihuana, fumar?, "porque a mi madre le espanta".
¿Por qué hurtas en el comercio?, "porque ellos te roban primero",
¿por qué tú no irás a votar?, "perder el tiempo me carga",
¿por qué no obedeces, en silencio?, "mi discurso es el verdadero",
¿por qué no vas a estudiar?, "así, mi carrete se alarga".
¿Por qué tú -en Dios- no crees?, "pues nadie en él ha creído",
¿por qué -trabajo- no buscar?, "ya nada me va a esclavizar",
¿por qué madurar no quieres?, "porque es algo muy aburrido",
¿por qué, en tu casa, no ayudar?, "pues, ahí quiero descansar".
¿Por qué no aguantas a tus padres?, "porque ellos no me obligarán",
¿por qué te atrae la violencia?, "porque es adrenalina pura",
¿por qué dices malas palabras?, "porque yo soy siempre bacán",
¿por qué no te vas de la casa?, "aquí tengo todo, y me dura".
¿Por qué nunca das el asiento?, "porque estoy pensando en mí",
¿por qué nunca brindas tu aliento?, "pues no me alentaron a mí".
¿por qué ocultas tu vocación?, "yo no tengo vocación",
¿por qué no haces oración?, "no sé lo que es la oración".

Aleluya, por Juan y Cecilia

Juan y Cecilia, son Amor
que en matrimonio, se unió,
y hoy bendicen, juntos, su camino,
la novia alegre, sonrió,
y Juan Ahumada, la admiró,
cantando siempre juntos, aleluya.

Aleluya, aleluya,
Aleluya, aleluya.

Sus bodas de oro, alegró,
y su familia celebró,
desde Santiago y hasta todo el mundo,
porque Cecilia construyó,
junto a su esposo, puro Amor,
y cantarán felices, aleluya.

Aleluya, aleluya,
Aleluya, aleluya.

El buen Jesús les animó,
y sus carismas les donó,
y su consentimiento fue sincero,
son servidores del Señor,
y sintonizan con su amor,
y se amarán felices, aleluya.

Aleluya, aleluya,
Aleluya, aleluya.

Familia Ahumada Palma

Francisco	Astrid
Que viene, desde muy lejos, su creatividad y paciencia, que fiel, lanzará sus tejos, con su humanidad y su ciencia. Construye bella familia, con su esposa, tan amada, vive en constante vigilia, con su canción disfrutada.	Significa "la mejor", para su familia entera, es vertiente de su amor, su confianza es verdadera. Tiene la fe de un volcán, la esperanza de un ciclón, el amor de un huracán, su potencia, es bendición.
Sebastián	**Jorge**
Es el hijo venerado, que va observando el mundo, con su proyecto ha soñado, comparte su don profundo. Su alma está disponible, al llamado y la misión, porque su alma es sensible, y escucha en su corazón.	Es el labrador concreto, que va corriendo a su meta, es el que asume su reto, caminando en línea recta. Trabajador y vigía, andará, de boca en boca, su talento y su energía, y su tesón es su roca.
Guillermo	**Gabriel**
A quien su voluntad protege, es el cronista sincero, es el pensador que teje, la unión para el mundo entero. Va bendiciendo y sirviendo, va dialogando y oyendo, enseñando y aprendiendo, va confiando y sonriendo.	Tiene la fuerza de Dios, para contener a todos, y anuncia el amor de Dios, que nos libera de lodos. En sus brazos, va el misterio, de la secreta humildad, y habla muy alegre, en serio, vive en solidaridad.

A los 14 grupos y movimientos.

Cuando vosotros afirmáis, que votar por el "señor A" es retroceso,

y al "señor B" no lo apoyáis, vosotros mismos os descalificáis,

ya que así demostráis, lo que al hablar, ocultáis.

Vuestro corazón mezquino, cicatero y usurero,

ruin, ávido y egoísta, parco, tacaño y avaro, roñoso y triunfalista.

Solo estáis interesados, en haceros del poder,

ya que estáis obnubilados, del poder por el poder.

Vuestro espíritu roñoso, pudo ser más liberal,

espléndido y dadivoso, generoso y más social.

Han preferido lo bajo, lo canalla y lo mediocre,

lo codicioso y estrecho, lo apretado y miserable,

lo sórdido y lo innoble, lo rasca, vil y apretado,

lo insensato y secundario, lo ridículo y lo menguado.

Vuestra mirada ahorrativa, será pronto corregida,

por la palabra sencilla, y sabia de nuestro pueblo,

que levanta y que deshace, liderazgos de papel,

que ponen en riesgo el rumbo, de una justicia a granel.

Queréis acelerar las luchas, y agudizar la presión,

queréis ser, pronto, gobierno, su ambigua declaración,

maquillada con ropajes, que cubren vuestra ambición.

Con los pobres no se juega, ni salud, ni educación,

ni con nuestros pensionados, ¡sembrando cruel confusión!.

La misma Virgen María

Valiente virgen María, como fiel israelita,

espera con alegría, al Señor de nuestra Vida,

al Salvador, y se fía, de Gabriel que la visita,

y el Ángel, feliz le anuncia, que del Padre es la elegida,

para ser madre de Jesús, y de toda humanidad.

Por eso, es madre de Dios, por ser la madre de Cristo,

es mamá purificada, concebida inmaculada,

anunciada y peregrina, servidora y misionera,

visitadora que ayuda, auxiliadora perpetua.

Su Magnificat retumba, intercesora y sincera.

en Nazaret y en Belén, en Roma y en Estambul,

en Jerusalén y en Siria, en Palestina y en Kiev,

en Fátima y en Lourdes, y en el monte Tepeyac.

Del Pilar, de nuestros pueblos, del Carmen y del Jordán,

de las Mercedes, Milagrosa, de Aparecida y Luján,

del Rosario y de las Nieves, de Czestochowa y Milán,

de Caacupé y de Dolores, del Buen Consejo y Montserrat,

Chiquinquirá y Coromoto, desde Kioto hasta Bagdad.

De todas partes del mundo, es Madre de la Esperanza,

es madre de amor profundo, es madre que no se cansa,

desde el exilio, al calvario, a Pascua y Pentecostés,

Jesús la dio como madre, tu madre, donde tú estés.

Materialista cotidiano

La felicidad completa, es tener cosas materiales,

y la despensa repleta, regalos en navidades,

tener llena la maleta, y closets fenomenales,

plantearse una buena meta, gastar dinero a raudales.

Como viste una persona, es lo importante de ella,

que nunca luzca sencilla, que deslumbre como estrella,

la moda no nos perdona, somos de la gente bella,

que aborrecemos la villa, que nada nos hace mella.

Los harapos, a los pobres, que no se saben vestir,

cual vagabundos que apestan, pues ya no saben vivir,

ni saben comer los pobres, nunca quisieron surgir,

en la sociedad molestan, hay que dejarlos partir.

Mi escudo son mis tarjetas, de crédito, y yo consumo,

conmigo no te entrometas, soy realista y lo asumo,

"con plata, baila el monito", te lo digo y lo resumo,

con dinero, te lo grito, lo demás, es puro humo.

Oro, diamante y zafiro, y el dinero lo disfruto,

autos, casas y gran giro, así dejé de ser bruto,

compro todo lo que miro, y nunca estaré de luto,

jamás iré a un retiro, soy libre, no lo discuto.

Yo soy de los millonarios, no pierdo ninguna herencia,

soy magnate de mis barrios, materialista, en esencia.

Individualista diario

Yo me admiro, cada día, soy fuente de mi alegría,

yo me brindo la energía, pues, me amo, día a día,

conmigo, tengo la vida, no necesito un espía,

en bajada o en subida, yo me basto, soy mi guía.

Mi espejo nunca me miente, dice que soy el mejor,

empatiza con mis fallos, dice que soy superior,

y me encuentra inteligente, y que el resto es lo peor,

el más listo de los gallos, de un gallinero inferior.

Soy feliz, junto a mi almohada, que exhala sabiduría,

de mi persona, extasiada, de mi genial armonía,

que no requiere de nada, de nadie, y es utopía,

esa familia añorada, en que mi ser no confía.

Así, yo nunca saludo, ni tampoco me despido,

porque voy conmigo mismo, y no existe interacción,

que me desvíe, y no dudo, ya que nunca me ha dolido,

la distancia, ni el abismo, que implica una relación.

Nunca me junto con nadie, que, cada uno, esté en paz,

yo no preciso de nadie, ya que, solo, soy capaz,

como individuo que sabe, soy como una ave rapaz,

nunca me meto con nadie, vivo mi vida fugaz.

Y cada foca, en su roca, cada pájaro en su nido,

cada sujeto en su reto, cada ser, en su destino.

Machismo continuo

Son solamente carne, ellas, que se creen bellas,

son totalmente cambiables, pasajeras, desechables,

ellas tienen la enorme culpa, de tentar y detentar,

en condiciones amables, sus ansias más perdurables.

Ella tienta demasiado, y sabe hacer caer,

al imbécil vulnerable, que ella le va a querer,

que estará siempre a su lado, que le ayudará a crecer,

que no será insoportable, que le hará estremecer.

Y caminarán, calladas, detrás de su buen varón,

no reirán en la calle, actuarán con sumisión,

vivirán enamoradas, y acatarán su misión,

velarán que él no les falle, les cantarán su canción.

No tendrá discurso propio, ni ocurrencia, ni otro ardor,

ni carismas, ni otros dones, que opaquen a su señor,

ni someterá al oprobio, de negarle lo mejor,

de ser carne, sin rencores, jamás negarle su amor.

Uno está arriba, ella abajo, ella afuera, y el adentro,

ella a casa, sin trabajo, y él ocupa siempre el centro,

uno que gana, a destajo, y ella deberá perder,

a ella, un collar y un colgajo, y él la podrá poseer.

Machismo divinizado, que esclavizó a esa mamá,

su familia, le ha mostrado, "la mujer, ser incapaz".

Antimachismo funcionalista

Para lo único que sirven, los hombres, para ofender,
es para que nos den las cosas, que todas hemos de tener,
que laborando se expriman, que flojos no deben ser,
muchas casas, más que rosas, proveer es su deber.
Todos son abusadores, ya que no nos tratan bien,
no quieren darnos mansiones, ni tampoco, sernos fiel,
ni seguros, ni pensiones, nos dejan en el andén,
esperando las acciones, de su empresa de papel.
Que ahora mismo nos entreguen, el testamento y poder,
notariado, que sus bienes, de nosotras deben ser,
que ahora ya, todo, nos donen, ya que es nuestro merecer,
por las caricias a quienes, les dimos puro placer.
No sirven para maridos, ni tampoco para padres,
no sirven para queridos, ni sirven como sostén,
no son buenos confidentes, ni se comunican bien,
el sexo sí les importa, pero usan mal el sartén.
Son una plaga apestosa, que debemos fumigar,
con su lengua desastrosa, crean un amargo hogar,
con su madre peligrosa, y su familia vulgar,
los hombres son mala cosa, que debemos superar.
Estemos lejos de ellos, nos quieren embarazar,
se creen buenos y bellos, y nos mandan a abortar.

Fideísmo exagerado

A diosito le he pedido, que te sane de tu mal,

que tu enfermo se mejore, que no haya un funeral,

a mi dios, siempre le rezo, por tu persona total,

que un buen trabajo te llegue, y levante tu moral.

Lo que yo le pido, él hace, nunca me deja olvidado,

y así, yo, todos los días, con mi oración he horadado,

su roca, con letanías, y así, siempre, me ha escuchado,

mi diosito, tus alegrías, proceden de lo que he orado.

Mis esfuerzos, mis vigilias, rinden el fruto esperado,

todo lo alcanzo, contento, rezando, perseverante,

ya que permanezco atento, en actitud suplicante,

por tu bien y por tu alma, consigo todo al instante.

Ya que diosito me calma, y me da gracia abundante,

por mi lucha, te has sanado, por mi plegaria constante,

mi diosito, fiel, ha actuado, es juez justo y vigilante.

Qué bueno es que tú tengas, un amigo como yo,

que interceda y que te quiera, como te he querido yo,

yo no te llevo las cuentas, por el bien que te doy yo,

que el trabajo que tú quieras, te lo conseguiré yo.

A diosito le suplico, que yo te pueda cambiar,

a mi dios, yo le replico, que te pueda perdonar,

pues no has sido agradecido, con mi forma de ayudar.

Racismo permanente

Mi raza es la más potente, hermosa e inteligente,

objetivamente, es fuente, de una cultura valiente,

que hace cálida la vida, que hace sabrosa comida,

cuya danza es fiel, movida, y hace chispeante bebida.

Somos mejores que otros, en el canto y el deporte,

emprendimiento y negocios, tenemos el mejor porte,

en política y el arte, y llegamos siempre al norte,

a las metas, de esta parte, las vencemos, como corte.

Y no existen los mestizos, ni castizos, ni mulatos,

ni moriscos, ni cambujos, ni el albino, y torna atrás.

ni lobos, ni los sambiagos, ni albarazados, ni nadie más.

Sólo brilla nuestra raza, no se verán las demás,

un palacio es nuestra casa, con su lenguaje, en su faz,

en su orgullo que engalana, toda guerra, y toda paz,

en su sangre depurada, de toda debilidad.

Por eso nos presentamos, somos raza de energía,

de eterna sabiduría, de plena soberanía,

exhalamos la alegría, pletórica de hidalguía,

sanados de hipocresía, siempre llenos de humildad.

Cada día, reverenciamos, a nuestra perfecta raza,

de otras, nos alejamos, volvemos a nuestra casa,

desde donde rechazamos, toda enemiga amenaza.

<u>Familia felicidad</u>

<table>
<tr><td>

<u>María Cecilia</u>

La que alcanza la victoria, con su fe en el Señor, que le anima en su historia, con el beso de su Amor. Es la elegida, humilde, para servir, muy valiente, camina con su alegría, va enseñando, diligente, con tierna sabiduría.

Su familia es su tesoro, es su esperanza encarnada, que le irradia como el oro, su confianza iluminada. Y es madre misionera, por los caminos del mundo, con su canción verdadera, con su servicio rotundo.

</td><td>

<u>Juan Ignacio</u>

**Es el hombre de la tierra,
de la mañana dorada,
de la paz, contra la guerra,
de la familia apreciada.
Pleno de gracia, contento, por el amor, bendecido, va, con esperanza, atento, cuida el cofre recibido.
Su secreto está en su alma, y guarda en su corazón, la Palabra que le calma, fortalece y da razón. Tiene la ardiente paciencia, abierta hacia el infinito, tiene el consejo y la ciencia, es padre, leal, bendito.**

</td></tr>
<tr><td>

<u>Arantxa</u>

El punto más elevado, de su extremada esperanza, su corazón se ha extasiado, por el beso de la confianza.

El punto más elevado, de su fe y de sus sueños, le ha respondido el Amado, que le da padres risueños.

El punto más elevado, de su amor como bandera, el milagro le ha elevado, en esta bendita tierra.

**El punto más elevado,
de su espíritu sensible,
sabe que Dios le ha escuchado,
con este abrazo increíble.**

</td><td>

<u>Constanza</u>

**Su misterio y su silencio, es la nuclear batería, la que vence su cansancio, con la que entrega alegría. Con su exótica presencia, atomiza las conciencias, y su bondadosa esencia, da consejo, con sus ciencias.
Es fidelidad encarnada, y es constante y es bandera, es la hija muy amada, por su gracia verdadera.
Su constancia es mensajera, de la Vida, que perdura, su niñez, no es extranjera, es anuncio, que madura.
La buena nueva que grita, en auténticos retiros, es profunda y es bendita, acompaña con sus cirios.
Su mensaje combatiente, da esperanza de colores, y su imagen de valores, es poema permanente.**

</td></tr>
<tr><td colspan="2">

<u>Guliana</u>

Hija, de fuerte raíz, una reina, una estrella, distinguida en su país, por su esperanza, luz bella. Acogedora y atenta, solidaria y luchadora, va generosa y contenta, con su alma, madrugadora. Perseverante y sencilla, mirando hacia las alturas, superó toda rencilla, se liberó de ataduras. Apegada, en su vigilia, de la que no se separa, ahora, la alienta y la auxilia, con su oración, da la cara. Ella, en su nueva misión, en la que, feliz y serena, confirma su bendición, cariño, y su fe más plena.

</td></tr>
</table>

Familia

José Santiago	**Cecilia**
Aquel que Dios engrandece, a quien su mano estremece, con su oración, amanece, y a su voluntad, remece. Dios camina con nosotros, dice, en su amada familia, va levantando a los otros, con su esperanza, en vigilia. Es vecino generoso, con sus jugosos damascos, es atento y luminoso, entre tantos liderazgos. Y es padre feliz, contento, que genera certidumbres, que atiende, en todo momento, por el llano y por las cumbres.	**La que alcanza la victoria, con su fe en el Señor, que le anima, en su historia, con el beso de su Amor. Es la elegida, humilde, para servir, muy valiente, camina con su alegría, va enseñando, diligente, Su familia es su tesoro, es su esperanza encarnada, que le irradia como el oro, su confianza iluminada. Y es madre, pregonera, por los caminos del mundo, con su canción verdadera, con su servicio rotundo.**
Fabiola	**Viviana**
Es la que cultiva el huerto, del verdor de la esperanza, y su confianza, no ha muerto, pues de luchar, no se cansa. Es la atenta mensajera, de Evangelio de alegría, su familia es fiel, señera, de la fe y la profecía. Su salmo canta, contenta, aunque tuviera tristeza, es una vecina atenta, que dialoga, trabaja y reza.	**Es la mujer consistente, que se hace la más pequeña, para vivir es valiente, y el dolor, a ella le enseña. Es volcánica, servidora, es oasis de la acogida, la vigía, a toda hora, que comparte su comida. Humanista, es por opción, por convicción y doctrina, por su fe e inspiración, es excelente madrina.**
Santiago Andrés	
Perseverante, humorista, deportista, en la acción, enfrenta y sigue la pista, de auténtica recreación. Es amistoso sincero, que protege a su familia, de corazón, verdadero, actuante, va en su vigilia. Es cabeza de justicia, es faro de la hermandad, no le afecta la malicia, vive en solidaridad.	

Padres de Schoenstatt que han fallecido en Chile

1.- Introducción:

Durante muchos años he participado en diversos encuentros, jornadas, talleres y retiros espirituales en el Santuario de Schoenstatt, que está ubicado en la comuna de La Florida.

En esas ocasiones he visitado el pequeño cementerio de los padres, que está en la parte posterior del predio de este Centro de Espiritualidad.

En este cementerio he podido reconocer las tumbas de varios sacerdotes con los cuales pude compartir una parte del camino, entre los que puedo señalar al Padre Hernán Alessandri, al Padre Luis Morel y al Padre Jaime Fernández.

Como muchos otros católicos, he orado por el descanso eterno de sus almas y he sentido un profundo agradecimiento por todo lo que ellos -y todos sus hermanos sacerdotes- hicieron por mí y por nuestro Chile, especialmente desde la espiritualidad católica mariana y desde la religiosidad popular.

En este cementerio, yacen 15 hermanos nuestros, 14 de los cuales 14 son padres de Schoenstatt, y uno (Pedro Unda P.) que murió a los 32 años, antes de ser ordenado como sacerdote.

De los 14 padres de Schoenstatt, el promedio de edad al momento de su ordenación sacerdotal fue de 30,4 años y al momento de morir tenían un promedio de 75 años.

Los más jóvenes al momento de su ordenación sacerdotal fueron los Padres José Vicente Herz S. y Carlos Pfeiffer W., ambos con 26 años. Los mayores al momento de su ordenación sacerdotal fueron los Padres Alfonso Boess con 36 años y los Padres Jaime Ochagavía, Luis Verdejo y Luis Morel, con 34 años.

Los más jóvenes al momento de morir fueron los Padres Luis Verdejo con 42 años y Carlos Pfeiffer con 60 años. Los más longevos fueron los Padres Alfonso Boess, con 95 años y Luis López, con 88 años.

Por lo tanto, en promedio estos sacerdotes dedicaron, en promedio 45 años de su vida, al Señor Jesús y a la Mater, la Virgen María, sirviendo en su Iglesia.

El lema "Vinctus Pastoris" (Victoria del Pastor), ha sido el más frecuente de estos sacerdotes, con 5 casos (P. Jaime Ochagavía, P. Hernán Alessandri, P. Pedro Guzmán, P. P. Horacio Rivas y el P.Luis Morel).

2.- Mi experiencia con algunos de estos padres fallecidos:

Padre Hernán Alessandri: Nació el 22-02-1935, fue ordenado sacerdote el 20-12-1964 y falleció el 18-12-2007. Lo conocí en el Santuario de Schoenstatt en los años 80, cuando junto a mi esposa, formábamos parte de la Comisión Nacional de Pastoral Familiar de la Conferencia Episcopal de Chile. En esa época la Secretaria Ejecutiva de la Comisión era la Hermana Verónica Morandé, quien nos presentó. Se destacaba por su inteligencia, por su espiritualidad, y por su gran sentido social que le llevó a crear la Fundación María Ayuda, para atender a las niñas vulneradas en sus derechos y abusadas en nuestra sociedad. ¡Gracias Padre Hernán!

Padre Jaime Fernández: Nació el 16-03-1932, fue ordenado sacerdote el 16-07-1961 y falleció el 24-02-2016. Lo conocí como Vicario Episcopal para la Pastoral Familiar de la arquidiócesis de Santiago, Vicaría que se creó luego del IX Sínodo de Santiago. Lo respeté mucho por su tesón y por su amor preferencial a la familia. Tuvimos algunos roces ya que yo sentí que él no valoraba la pastoral familiar que hacíamos a nivel parroquial, sino que él tenía un modelo global de esta pastoral, que se debía replicar en cada parroquia.
Hoy le doy gracias a Dios, por su testimonio de esfuerzo y dedicación, por sus escritos y sus ansias de poder servir a las familias, creando -especialmente- el Centro de Atención Familiar, que perdura hasta el día de hoy. ¡Gracias Padre Jaime!

Padre Luis Morel Gumucio: Nació el 09-08-1936, fue ordenado sacerdote el 15-08-1970 y murió el 23-01-2015. Al Padre Luis lo conocí muchísimo ya que él fue el sacerdote encargado de nuestra Unidad Pastoral Padre Hurtado y luego, el primer párroco de nuestra Parroquia San Alberto Hurtado de Peñalolén (creada en 2005), en la Zona Oriente de Santiago. Le doy gracias a Dios por el Padre Luis, por su sencillez, por su amor por los jóvenes, por su sabiduría litúrgica, por su cariño a los diáconos, por su acercamiento a las personas, por su alegría, casi como de niño, y por su amistad con nuestra familia. ¡Gracias Padre Luis!

3.- Poema para los Padres de Schoenstatt:

Discípulos misioneros, de Jesús, y de María,
con carismas verdaderos, con su paz y su alegría.
Son Padres que, muy valientes, recorrieron los caminos,
espirituales, conscientes, servidores, peregrinos.
Con la Mater, siempre orando, y su Amor les fue acercando,
y a Chile evangelizando, su esperanza va brotando.
Juventudes y familias, sin miedos y sin perezas,
ramas santas y vigilias, con empeño, y sin tristezas.
Son santuarios, letanías, que iluminan la cultura,
padres, plenos de armonías, que ascendieron a la altura.
Gracias por ser los amigos, de la Madre de Jesús,
gracias por ser sus testigos, de su Vida y de su Luz.

Padre Jaime

En mi oscuridad yo veo,
un luz que clarifica,
y en mi penumbra yo leo,
su amistad que testifica.

Su luz es la luz de Cristo,
que nos salva y nos libera,
a su Amor no me resisto,
porque no es falsa quimera.

El farol de aquella luz,
es un padre, sacerdote,
que va tomando su cruz,
y resucita en su brote.

En las noches sus faroles,
salen a comunicar,
primicias, lunas y soles,
del Reino que va a anunciar.

Mirando la Iglesia inmensa,
con su mano en el arado,
va a la oveja dispersa,
con la Paz del Hijo Amado.

Se hizo uno con el Alfa,
y el Omega, hasta el final,
como aquel cirio del alba,
dando vida actual, total.

Cedió su espacio al Señor,
y en su corazón descansa,
cada día, es en su honor,
sabe que el Bien no se cansa.

Padre Jaime, con su sello,
justicia y misericordia,
esta vida es un destello,
que vence la oscura discordia.

Pascual

No me esfuerzo, sale solo,
este poema, es vertiente,
para un amigo, gladiolo,
que destaca entre la gente.

Desde este pozo profundo,
con mi espíritu sereno,
de este punto en el mundo,
lo felicito en su estreno.

Es rostro del Cristo joven,
que camina por la historia,
su mensaje es como el polen,
que libera la memoria.

Es su romántica lucha,
por humanizar el orbe,
del ser humano, que escucha,
que no hay nadie que lo estorbe.

Es maestro de personas,
que reconocen su lema,
de lo justo, en estas zonas,
el bien social es su tema.

Va pensando, discerniendo,
mil pasos, justicia plena,
laborando y renaciendo,
tiene el alma toda llena.

Construye con el respeto,
entiende a otros hermanos,
su corazón va repleto,
de virtud, en sus dos manos.

Soy feliz al dedicarle,
las palabras, más sinceras,
saludarlo y regalarle,
las más bellas primaveras.

María Paz

Y nada ya te detiene,
porque tu misión avanza,
y nada ya te sostiene,
tu corazón, no se cansa.

Y nada ya te congela,
por tu calor, que derrite,
al hielo, con su secuela,
tu onda de amor, se emite.

Y nada te desespera,
si tu confianza te mueve,
en tu vida verdadera,
en que la fe no se muere.

Y nada ya te espanta,
tu espíritu es positivo,
de gozo, tu alma canta,
tu ser, que no está cautivo.

Y nada ya te entristece,
porque vives en la tierra,
entre lo que acontece,
sabes ganar esa guerra.

Y nada te escandaliza,
en el bello y loco mundo,
y disfrutas de la risa,
con tu proyecto profundo.

Y nada te matará,
porque tú eres de la Vida,
tu sueño se cumplirá,
no hay nada, que te lo impida.

Y nada te transformará,
en aquello que tú no quieres,
tu fortaleza vencerá,
con tus más queridos seres.

Valeria

Venciendo la oscuridad,
surge su luz luchadora,
en medio de la ciudad,
generosa, encendedora.

Es capaz de hacer milagros,
de transformar corazones,
en duros tiempos amargos,
sabe plantar ilusiones.

Comprende todas las fuerzas,
que rigen el universo.
no sigue rutas dispersas,
y no se atrapa en el verso.

Estudia con energía,
las situaciones horribles,
deja huellas de armonía,
aún, en casos terribles.

Enfrenta los desafíos,
y los riesgos permanentes,
no se pierde en desvaríos,
responde en todos los frentes.

Es constante, como el agua,
que va horadando la roca,
que amando, ella ama y ama,
rompe injusticia, cual broca.

Sus sueños los va cumpliendo,
en este mundo concreto,
en el que dando y sufriendo,
se satisface en su reto.

Su bandera yo la veo,
en su raudo caminar,
yo lo constato y lo creo,
su valiente laborar.

César

**El regente majestuoso,
bendecido en su camino,
en justicia, va dichoso,
construyendo su destino.**

**Juntos, se toman las manos,
con Dios, que les brinda todo,
celebran, con sus hermanos,
fiel justicia, en buen modo.**

**La eterna felicidad,
la refleja, sonriendo,
con su fe y su caridad,
que brillan, va renaciendo.**

**Inventa nuevos senderos,
para vivir compartiendo,
y levanta los maderos,
de ese hogar que va naciendo.**

**El gozo y la esperanza,
verdadera, ya le inunda,
su buen amor no se cansa,
y su compromiso abunda.**

**Para ayudar a este mundo,
le invita hoy el Señor,
pues quien ama en lo profundo,
sabe ser un servidor.**

**Unido y creativo,
lo encuentra esta tarea,
y nunca será un cautivo,
¡pues el Amor le libera!.**

Marcela

**La pasión del volcán suave,
se derrama diariamente,
cuando conduce su nave,
y en su misión permanente.**

**Descubre la vida entera,
con sus lentes bifocales,
de su familia sincera,
de los asuntos sociales.**

**Cotidiana es su tarea,
de aportar con sus talentos,
de esperanza en la marea,
de equilibrio en mil momentos.**

**Mar y cielo en su potencia,
justicia y benevolencia,
incluso, aquella clemencia,
olvidada por la ciencia.**

**Siempre joven, va nutriendo,
a hermanos, da la confianza,
de libertad, que va ardiendo,
en sus dones de templanza.**

**Es el día de alegría,
de noticias positivas,
porque nació la energía,
de tus pacientes activas.**

**Por eso canta este sol,
desde enero hasta diciembre,
que expresa la fe y amor,
de tus ángeles de siempre.**

Francisca

Has puesto la cabeza,
has dado la cara,
pusiste tus brazos,
y tu corazón,
por causa muy digna,
tu leal misión,
nadie quitará nunca,
tu fe, ni tu acción.

Como en tiempos antiguos,
los sabios predijeron,
que más valía que un hombre,
muriese, en lugar de muchos,
hoy se repite la historia,
y en tus hombros se cargó,
la cuenta de los conflictos,
¡la paz por crucifixión!

Paciente para mirar,
el rostro de unos maleados,
del cinismo desatado,
de hipocresía serena,
paciente para escuchar,
las razones más abyectas,
que la verdad se envenena,
con la mentira y su show.

Paciente por perdonar,
las espadas afiladas,
que en esas lenguas doradas,
traspasan bella ilusión,
paciente por sonreír,
¡contento Señor contento!,
enfrentará aquel desierto,
con lágrimas y pasión.

Roberto

La fama de sus carismas,
le van abriendo el camino,
hacia las más altas cimas,
en su trabajo divino.

Se agitaron sus batallas,
sus distancias y penurias,
quedarán atrás las fallas,
queda el amor, por centurias.

Hoy su humildad se agiganta,
y su carga, se aliviana,
hoy canta, a toda garganta,
un salmo de paz cristiana.

Se evaporaron los males,
las brumas y los olvidos,
conquistará los astrales,
cielos profundos, queridos.

Como un águila, a su nido,
en las cumbres montañosas,
despertará al dormido,
con sus manos cariñosas.

Va anunciando al corazón,
el Dios de la vida plena,
justicia, con fe y razón,
y una sonrisa, le llena.

Tiene fama de buen guía,
no hace campaña, ni lema,
buen esposo, en armonía,
y así, comprenden su tema.

Tiene fama, aquí en la tierra,
y tendrá fama en el cielo,
sabe triunfar en la guerra,
y sabrá derretir el hielo.

Adelaida

Mujer de caminos sabios,
que persevera en el bien,
que va orando con su labios,
y su espíritu de miel.

Su sabiduría sencilla,
le impulsa a volar, volar,
compartir su maravilla,
pues sabe que amar, es dar.

Ella piensa en la estrategia,
para ayudar a todos,
y a sufrientes privilegia,
con sus planes y sus modos.

Es sabia la pensadora,
que enseña a vivir felices,
cada instante y cada hora,
sanando mil cicatrices.

Cada noche sueña un mundo,
de buenos seres humanos,
que acogen al vagabundo,
con el calor de sus manos.

Ella sufre, en el que sufre,
y goza, con quienes gozan,
con su misericordia cubre,
incluso a quienes destrozan.

Está contenta sirviendo,
en el mundo contingente,
su canto, va convenciendo,
al corazón de la gente.

Ana

Es la mujer consistente,
que se hace la más pequeña,
para vivir es valiente,
y el dolor, a ella le enseña.

Es volcánica, servidora,
es oasis de la acogida,
es madre, de toda hora,
que comparte su comida.

Es catapulta de hijos,
trampolín, a las alturas,
es puerto de los cobijos,
que zarpan sin ataduras.

Es pequeña, por opción,
por convicción y doctrina,
por su fe y respiración,
y excelente peregrina.

Su camino está marcado,
por canónicos caminos,
como maestra, va al lado,
va enseñando, y da cariños.

Su salmo canta contenta,
aunque tuviera tristeza,
es la servidora atenta,
que camina, trabaja y reza.

Apoyadora, y sensible,
siempre rescata del pozo,
de justicia, incorruptible,
en ayudar, va su gozo.

Navidad 2017

Siento profunda vergüenza, por esta oscura realidad, por la transformación intensa, que destruye la Navidad.

Será nuestra timidez, nuestro sofoco y rubor, ante la desfachatez, que comercializó el amor.

La pobreza fue humillada, y el mensaje se mutiló, y María fue olvidada, y a Jesús se le vendió.

El pesebre fue sacado, y un árbol lo reemplazó, y al Mesías se ha ocultado, el comercio lo estropeó.

Por eso, expreso mi enojo, ante el descaro inaudito, pues, cristianos, sin sonrojo, se apartan de lo bendito.

No es Noche Buena, es bochorno, maratón del regalismo, no es Navidad, es "terapia", injusta, cruel y dañina, el cinismo y la prosapia, rompen la puerta y la esquina, retraimiento y modestia, apocamiento y tristeza, demuelen la dignidad, de la Navidad divina.

Descarado atrevimiento, desvergüenza e indignidad, afrenta y degradación, infamia y humillación, secularizado momento, y fiesta de mezquindad, mil regalos del tormento, que manchan la Navidad.

Un embarazo olvidado, un nacimiento enyesado, el Niño Dios marginado, y un mensajero acallado.

"No llueve, pero gotea", nos dicen los comerciantes,

"la Navidad nos recrea", proclaman los celebrantes.

¿Hasta cuándo durará, esta cruda obscenidad?,

¿Hasta cuándo se deshonrará, la gloriosa Navidad?

Chilean economistic

Mi Chile se ha transformado, en un país ambicioso, angurriento, avaricioso, codicioso, arribista, más tacaño y egoísta, negociante, avaricioso, somos país amarrete, avaro y materialista,

Lideran los comerciantes, vendedores y tenderos, mercachifles y lonjistas, abaceros, negociantes, comisionistas, rentistas, bolsistas, abarroteros, crecen los proveedores, mercaderes, traficantes.

El corredor y logrero, el accionista y cambista, y el que especula, tramposo, es un buen oportunista, el ventajista fullero, es hábil malabarista, de discurso patriotero, se aprovecha el prestamista.

Si te gusta, te lo vendo, si te aburre, te lo compro, te lo arriendo, o te lo presto, siempre, a la mitad del precio.

Y así, "el que puede, puede", y los demás son picados, envidiosos y frustrados, perdedor, el hombre necio.

Se despidió el bien común, y las miradas sociales, triunfó el bien individual, conveniencias personales, fracasó el nguillatún, de los sueños ancestrales, y se envían al basural, mil demandas sectoriales.

"La pobreza ya no existe", en este Chile exitoso, y el comerciante ambulante, será siempre un molestoso, y el migrante, un delincuente, comunero, un sedicioso, y el político, un farsante, y el rico, un maravilloso.

Se ha acabado una era, ganó el actual pragmatismo,

nacionalista y clasista, con liberal triunfalismo,

"gente buena y verdadera", sonrisas de un cristianismo,

lideran la hermosa pista, del triunfal capitalismo.

Paula Le Feuvre

Para salvar, la han salvado,
la pequeña, con su estilo,
del respeto, ha respetado,
siendo fiel a un buen destino.

Pequeña de Dios que sabe,
de dónde viene la vida,
¿de dónde?, ¿qué duda cabe?,
del Amor, la Paz querida.

Su pequeñez la ha salvado,
para servir al que es Grande,
al único que ha levantado,
su Cruz, que no es estandarte.

Su humildad y su servicio,
confirmáronse en el fuego,
su ternura y su cariño,
no es light, ni falso, ni es juego.

Para evangelizar al mundo,
se requiere lo sencillo,
su ardor, que es tan profundo,
su testimonio y su brillo.

El amor a la familia,
que camina renovada,
es su Evangelio, en vigilia,
es su calma y su morada.

Siendo amada puede amar,
perdonada, perdonar,
levantada, levantar,
transformada, transformar.

Helena Silva

Caminante, muy contenta,
va observando muy atenta,
ella, a sus pacientes alienta,
su paz, calma la tormenta.

Va corriendo junto a Cristo,
con su corazón dichoso,
con la fe, que supera al rito,
y con su hogar, tan precioso.

Es regalo de esperanza,
para nuestro mundo enfermo,
y es, pueblo de la confianza,
que avanza hacia el cielo eterno.

Nos sana y deja animosos,
ella es medicina de Dios,
acerca días luminosos,
y destella como el sol.

Y con su ciencia, revuela,
y escucha, da vida Helena,
es maestra, con escuela,
que tiene una vida plena.

Camila Natalia Whitakker	Camila Antonia Vásquez
Con su mágica sonrisa, quiere conocer la mente, de las personas, sin prisa, en el momento presente. Está contenta y consciente, de sus hermosas victorias, con su esperanza naciente, va escribiendo sus historias. Está presente en la huella, en los pasos ya marcados, por su valor que destella, por sus sueños adorados. Está en Dios, en sus caminos, de esperanza y fortaleza, levadura y sal, destinos, de su pan y su entereza. Su confianza es un salterio, su ilusión es un cantar, su discurso es un misterio, y su esfuerzo es fiel altar. Acoge, saluda, y llama, recibe, ayuda y contesta, recepciona, con su flama, entregando una respuesta. Dios está presente en ella, en misión de humanidad, del servicio, cual estrella, que expresa su caridad. Dios siempre la protege, sencillez, en la intemperie, y ella, en Él, se sumerge, su amor y paz, van en serie.	Ella es la que, silenciosa, ama al Señor de la Vida, la que vivió, misteriosa, bebiendo de Su bebida. La bebida del Señor, es la esperanza valiente, que entrega su dulce Amor, y que brilla, entre la gente. Ella, ama con fiel razón, con toda su alma, entera, le entrega su corazón, su familia es misionera. Ama a Dios en las personas, y ha enseñado a sonreír, a dar abrazos fraternos, y a besar y a convivir. Deja sus semillas fraternas, más allá de las fronteras, en praderas y en cavernas, su buena tierra y sus eras. Su fortaleza y su confianza, su felicidad sublime, su oración y su templanza, y su espíritu que gime. Su valentía de creyente, su amor hacia la familia, su solidaridad conciente, y su alma, en esta vigilia. Dios la ama, es su hija, que da mil frutos de fe, hoy la abraza y la cobija, y calma toda su sed.

Daniela Rojas

Justicia de Dios, va al mundo,
a compartir su alegría,
su compromiso es profundo,
su esperanza es armonía.

Conoce, anima y despierta,
el alma de aquella infancia,
les deja una puerta abierta,
para crecer, sin jactancia.

Va brindando bendiciones,
su oración es su ofertorio,
va aprendiendo en las acciones,
con su salmo invitatorio.

Gonzalo Maldonado

Es el genio del combate
contra toda la injusticia,
y con su verdad rebate,
las fauces de la malicia.

Persevera y arremete,
contra molinos de viento,
con su ideal estremece,
¡supera todo lamento!

Hoy es su felicidad,
hoy es su alegría,
hoy sonríe de verdad,
y sueña con la armonía.

Camila Andrea Araya	**Camila Belén Leiva**
Eres amor condensado, completamente ternura, inspiración de lo amado, tu libertad es de altura.	**Está presente y conciente, de sus hermosas victorias, con su esperanza naciente, va escribiendo sus historias.**
La que está presente en Dios, desde el comienzo dichoso, trayendo rayos del Sol, en tu trayecto gracioso.	**Ella es la casa del pan, para el paciente hambriento, con ansias de caminar, por este largo desierto.**
Eres el mensaje claro, sincero y bien anunciado, profetiza del futuro, del ideal esperado.	**Ella es claro manantial, que ofrece su agua clara, para el sediento crucial, que anhela una vida sana.**
La que trae mil regalos, bendiciones y abrazos, la que aporta con sus faros, la felicidad en sus trazos.	**Ella es medicina humana, feliz y complementaria, se levanta en la mañana, con su luz humanitaria.**
Profeta de este milenio, universal, sin fronteras, comparte su bello genio, solidaria, sin barreras.	**Conversa y escucha, acoge y contiene, persevera y lucha, aclara y sostiene.**
La mujer que predecimos, humanizará estos tiempos, otra cultura y destinos, su paz es de nuevos vientos.	**Va ofreciendo bendiciones, su trabajo es su ofertorio, va enseñando en las misiones, con su canto invitatorio.**
Caminará por senderos, que nunca lo sospechamos, con sus sueños verdaderos, que, hoy, jamás lo pensamos.	

Viviana Araya

**Es la universal hermana,
que sobrevive al peligro,
con su mirada, dimana,
quiere renovar su ciclo.**

**Es la silenciosa amiga,
que vive en cauta vigilia,
que en su caminar consiga,
amistad, como en familia.**

**Es hija que persevera,
navega contra corriente,
comparte su primavera,
tiene el corazón valiente.**

**Ella es un monumento,
es una efigie esculpida,
denuncia muerte y tormento,
tiene el soplo de la vida.**

**Laureada por sus esfuerzos,
para construir su mundo,
entre rosas y cerezos,
brinda su aprecio profundo.**

**Conciente, mente y victoria,
va doblegando adversarios,
la racionalidad en su historia,
que reza con sus denarios.**

**Descubriendo dimensiones,
entonando esas canciones,
supera complicaciones,
las convierte en bendiciones.**

**Su corazón que perdona,
se parece al de Jesús,
no se enreda, ella es persona,
que logró paz, en su cruz.**

Fabiola

**Es la que cultiva el huerto,
del verdor de la esperanza,
y su confianza, no ha muerto,
pues de luchar, no se cansa.**

**Es la hermana mensajera,
de Evangelio de alegría,
su familia es pregonera,
de la fe y la profecía.**

**Cambia, con cada mañana,
cambia, con la luz del sol,
cambia en la tierra lejana,
cambia, en verde arrebol.**

**Tiene su raíz profunda,
en el amor del Señor,
que, con su paz, le inunda,
y le anima a servir, con amor.**

**Tiene las canciones bellas,
tiene salmos fabulosos,
tiene el mar y las estrellas,
tiene dones portentosos.**

**Se cultiva, cultivando,
va aprendiendo y enseñando,
sus carismas va entregando,
y a Dios lo muestra, alabando.**

**De luchar, ya no se cansa,
pues su confianza no ha muerto,
del verdor y la esperanza,
feliz, cultiva su huerto.**

Ilia

Es aluvión de emociones,

de carismas, es torrente,

es erupción de canciones

y es cristiana, muy potente.

Es huracán de amistades,

terremoto de cariños,

es un ciclón de bondades,

su alma, es la de los niños.

Es brisa de los afectos,

dona su paz y ternura,

anima buenos proyectos,

su espíritu tiene altura.

Comparte sus esperanzas,

enseña sus testimonios,

su vida brinda confianzas,

y aleja a los mil demonios.

Su vendaval de sencillez,

su torrencial donación,

nos muestra la pequeñez,

de Jesús y su misión.

Índice

Printed by Books on Demand GmbH, Norderstedt / Germany